衣被天下

上 海 纺 织

Clothing the World

Textile Industry in Shanghai

上海通志馆 主编 廖大伟 刘盼红 著

上海人民出版社 学林出版社

总

序

　　盛夏避暑，最好躲在家中读书。近日，读了新一辑"上海地情普及系列丛书"的五种书稿，感觉好似吹来一阵清凉的风，很是凉快、惬意。

　　我高兴地发现 2021 年的这五种书，内容上与 2020 年的有一个很大的不同。编者不再像 2020 年那样，着眼于上海的人民广场、徐家汇、陆家嘴、新天地、静安寺五个横切的块面，而是改由上海五个行业系统的条线来讲述上海的故事。这就给读者了解上海带来了一个崭新的视角，让我们看到了许多崭新的人物，听到了许多崭新的动人故事。

　　比如，我在读《衣被天下：上海纺织》时，就时时被书中许多劳动模范的故事所感动，因为他们始终坚守着自己的工人阶级本色。

　　纺织行业原本是上海的一个支柱产业，纺织工人是中国产业工人的重要组成部分。在半殖民地半封建的旧中国，广大纺织工人受尽了剥削和压迫，他们有强烈的斗争精神，在中国共产党的领导下，义无反顾地投入反帝反封建的革命斗争。新中国成立后，他们十分珍惜来之不易的胜利成果，十分珍惜当家做主人的幸福生活，将对党和新社会的热爱，化为工作的巨大动力，创造了一个又一个的奇迹，得到了党和人民的尊重和奖励，涌现出黄宝妹、裔式娟、杨富珍、应忠发、吴尔愉等许多劳动模范和先进人物。

他们的故事都非常感人，在此我要对于黄宝妹的故事多说几句。

黄宝妹 13 岁到一家日商纱厂当童工，受尽剥削和压迫。上海解放后，她怀着强烈的翻身感，努力工作，在学习"郝建秀工作法"的过程中，取得优异成绩，被评为全国纺织工业劳动模范，还光荣地加入了中国共产党。后来，她继续努力，又先后多次被评为劳模，多次受到党和国家领导人的接见。在中国共产党成立 100 周年之际，习近平总书记亲自授予她"七一勋章"。

我以为，黄宝妹之所以能获得如此殊荣，是和她"践行初心、担当使命、永葆本色"分不开的。

想当年，黄宝妹刚满 22 岁，就当上了劳动模范，记得淮海路照相馆的大橱窗里陈列着她的大幅照片，引来了一片赞扬声，甚至还引来了不少求爱信。黄宝妹态度鲜明地告诉大家："我老公人品好，为人忠厚，热爱家庭……"这时候，她保持了一名工人妻子的本色。

1958 年，黄宝妹在电影故事片《黄宝妹》中饰演了自己，电影在全国放映后，好评如潮。有文艺界领导见黄宝妹初涉银幕，表现不凡，建议她改行当演员。黄宝妹却冷静地谢绝了。她认为，自己始终都是一个纺织工人，离开了纺纱车，自己将一事无成，这次偶然的成功，完全是导演谢晋的功劳，假如自己真当了专业演员，恐怕连"龙套"都演不好。这时候，她坚守了一个工人的本色。

更难得的是，黄宝妹退休之后，听说有些劳模退休后，收入少、疾病多、生活困难，就和裔式娟等一起不辞辛苦，办起一个公司，赚了钱去接济这些困难劳模，又帮助他们解决住房动拆迁问题。她甚至将组织分配的好房子让给他人，自己一家五口却挤在一间简屋里。这时候，她展现了一个共产党员的本色。

当我读到《人间大爱：上海卫生》时，感触良多！在一些突发事件中，许多先进人物面对风险，真正做到了"不怕牺牲，英勇斗争，对党忠诚，不负人民"。

我在书中，不仅看到了新中国成立后，党领导上海人民群众消灭血吸虫病、应对甲肝旋风突袭的一幕幕场景，而且重温了2020年抗击"新冠肺炎"的伟大斗争！

当武汉等地疫情严重、需要支援时，上海医护工作者中的共产党员挺身而出，纷纷主动报名，带头奔赴前线，与当地的"白衣天使"一起日夜奋战，终于战胜了疫情。他们用自己的行动，发挥了党员的先锋模范作用。

作者用生动的文笔写到，面对疫情，中共上海市委、市政府坚持"人民第一，生命至上"，并从上海人民的根本利益出发，摸索出了一条适合本地的"精准防疫"模式，即既要精准高效应对疫情，又不能对城市的运行、居民的生产生活造成大的影响，力求将疫情所致的负面影响降至最低。这种"瓷器店里抓老鼠"的模式，在实践中取得了很大的成功。

疫情期间，上海对那些被列为"中风险地区"的居民，贯彻"以人为本"的理念，隔离措施温暖有序，共产党员和志愿者对居民实行

"包块"服务，有效地控制了疫情蔓延。

中国共产党和党的领导人是十分重视国民经济和民族工业、民族品牌的发展的。即使在戎马倥偬的战争时期，毛泽东、周恩来等党的领袖对我国的民族工业和民族品牌，也都给予了极大的关注和重视。《品牌力量：上海商标》一书讲述了很多这方面的精彩故事。

20世纪20年代初，著名实业家吴蕴初创建天厨味精制造厂，研发、生产出了"佛手"牌味精。在与日本品牌的激烈竞争中，特别是在"五卅运动"之后全国人民掀起的"抵制日货，使用国货"的群众运动的推动下，"佛手"牌味精一举打败了日本"美女"牌味之素。

吴蕴初和他的"佛手"牌味精，引起了周恩来等中共领导同志的重视。1942年，吴蕴初应邀与中国共产党驻重庆办事处领导进行了广泛的接触和交流。他表示，要将"佛手"牌味精的生产技术毫无保留地传授给边区人民。

1949年，钱昌照向吴蕴初转达了中共领导人请他回国发展的口信，吴蕴初欣然点头。

还有一个故事是关于"上海牌"手表的。1958年，上海手表厂生产出第一批"上海"牌A581手表，周恩来总理等领导同志非常高兴。1961年，当周总理得知"上海"牌手表已经大量投放市场，便委托卫士长成元功花90元人民币去买了一块，此后，他一直把这块手表戴在手腕上，直到逝世。这块周总理戴过的"上海"牌手表，现在就陈列在中国国家博物馆内。

中国共产党人不仅十分重视民族工业和民族品牌，还同样关注金融事业，因为这与革命经费的筹集有密切关系。

我在读《惊涛拍岸：上海红色金融》一书时，很为毛泽民同志冒险潜入上海滩，为党筹集经费的英勇行为而感动。

那是在1937年早春时节，中央红军刚经历了长征，物资匮乏，经费奇缺。就在此时，一笔由国际工人阶级募集的、支援中国抗战的巨款，从法国秘密地运到上海。为了粉碎国民党的经济封锁，时任中华苏维埃共和国国家银行行长的毛泽民奉命潜入上海，历经艰辛，终于将这笔巨款秘密运送到延安。

其实，我们党早在革命斗争时期，就派遣忠诚、精干的优秀党员潜入国民党政府管辖的中国银行等金融机构，为新中国成立后的金融工作准备了一大批优秀的干部。比如张承宗同志。他大学毕业后，先后到上海市银行、辛泰银行工作，并和弟弟张困斋自筹资金创办《石榴》杂志，发表了许多宣传抗日救国思想的文章。1936年10月，他组建"银联"（上海银钱业业余联谊会），号召和组织逾万银行职工支持抗战，救济难民，并输送了一批优秀骨干奔赴抗日根据地。1937年8月，他加入中国共产党，后在辛泰银行建立起第一个银行党支部。

冀朝鼎则是一位长期战斗在隐蔽战线的英勇战士。他1927年入党，奉命长期在美国留学、工作，学习金融。他不忘初心，牢记使命，长期潜伏，成功开展地下工作。上海解放的第二天，他就身穿解放军军装，作为军管会人员，带领我们的同志接管了中国银行，使银行同仁大为惊讶！我每每读到这里，心里都会生出一股深深的敬意。

《敢为人先：上海体育》也是一本很有兴味、值得反复阅读的书。

曾经，西方列强都鄙视我们中国人为"东亚病夫"。新中国成立后，在中国共产党的领导下，上海体育事业发展迅速，不仅人民群众的体质大大增强，在国内外各类运动会上，许多上海籍的运动员还夺得了优异成绩。这本书讲述了乒乓球世界冠军徐寅生、李富荣等刻苦训练，提高球艺，打败各国高手，夺得第二十六届世界乒乓球锦标赛冠军的故事。我是过来人，今天重温这段往事，感到格外激动。

作者还生动讲述了世界跳高冠军朱建华、"上海的高度"姚明以及"上海的速度"刘翔等优秀运动员的故事。尤其是讲到姚明成功之后，饮水思源，不忘恩师，非常感人。2015 年 4 月 11 日，为庆祝中国"篮球泰斗"李震中百年寿辰，姚明十分恭敬地将一束鲜花献给李震中老先生，衷心感谢老人多年来对自己的教导。2018 年，李震中逝世，姚明在发言中称李老是自己的"祖师爷"。

2016 年，姚明入选"奈史密斯篮球名人堂"。姚明在发言中特别感谢了当年把他放在自行车后座上带他去训练的少体校教练李章民和把他带上 CBA（中国男子篮球职业联赛）总冠军宝座的李秋平教练。他永远感谢这两位恩师。他在感谢了父母等家人的支持之后，又一字一顿认真地说："我要谢谢上海这座城市……他们培养我，训练我，帮助我，让我做好了迎接人生下一个挑战的准备……"这就是在世界篮坛叱咤风云的姚明的心声。他的球艺风靡全球，他的修养倾倒无数球迷！

这五本书之所以好看、耐读，还因为编者坚持了"大学者大专家写通俗读物"的方法。这一辑"上海地情普及系列丛书"史料翔实、文笔生动、人物鲜活、故事感人，贯彻落实了习近平总书记提出的"讲好中国故事，传播中国声音"的指示，做出了宝贵的实践，取得了可喜的成绩。我认为，这五本书和前两年编写出版的十本"上海地情普及系列丛书"一样，依然可以作为广大市民和青少年朋友了解上海的读物，更应当成为党史学习教育和"四史"宣传教育的生动教材。

是为序。

上海市第十届政协副主席

国家教材委员会专家委员

上海市教育发展基金会理事长

目

录

辉煌与坎坷

"松郡之布，衣被天下"

上海机器织布局

旧上海纺织业格局与民族企业家

战火频频，起起落落

短暂的繁荣与困境

明清时期，上海就是纺织重镇，有"衣被天下"的美誉。上海地区的棉布，不但行销全国，而且和丝绸等一起出口。1889年上海机器织布局建成开工，开创了中国近代动力机器纺织工业的新纪元，上海成了中国近代纺织工业的发源地。新中国成立前，上海纺织工业一直居全国领先地位，诞生了中国第一代纺织产业工人。上海纺织的生存和发展，伴随着辉煌与坎坷，充满着中外竞争与起起落落。

"松郡之布，衣被天下"

棉花是纺织品的主要原料，原产地是印度和阿拉伯。在棉花移植到中国之前，人们做衣服的原料主要是麻、葛、丝和木棉。大约西汉中期，边疆开始种植棉花。宋末元初，棉花大量传入内地。

上海的纺织为人瞩目，不得不说黄道婆。黄道婆，元代人，生于松江府乌泥泾（今上海市徐汇区华泾镇东湾村）。黄道婆年轻时漂泊到海南的崖州（今海南省三亚市），在那里长期从事植棉和棉纺织劳动，掌握了一套出色的棉纺织技术。后来她回到故乡，将自己从崖州学到的纺织技术传授给了乡亲们。

黄道婆的贡献主要有五：一是改良棉种，她用从崖州带回的棉种培育出适合于本地种植的优良棉种，取代了原有的质次种子。二是改良轧棉机具，她用双把手摇轧棉机踏车代替原来手脱棉籽。轧棉机踏车中心装置有一根铁轴，

黄道婆塑像

铁轴与另一个直径较大的木轴相配合，由于两轴直径不相等，转动的速度也不同，把籽棉放入两轴之间，当棉籽被挤压出来后会落在踏车的后面，脱籽的棉纤维就被滚轴携带到前面。三是改良弹弓，她用檀木椎（或称"槌"）往来敲击四尺多长的绳弦大弹弓，取代仅有一尺四五寸长的指拨线弦小弓。四是改良纺车，她制成一手纺三根纱的脚踏三锭纺车，代替手捻纺坠纺纱或单锭手摇纺车纺纱。五是改良织造工艺，织布讲究"错纱""配色""综线""挈花"技法，被褥、织品有"折枝""团凤""棋局""字样"等图案。

纺车

黄道婆带来的纺织技术，推动了松江地区棉纺织业的发展。不久，"崖州被"改称"乌泥泾被"而驰名天下，乌泥泾镇靠纺织为生的人家增至1000余户，很快成了富庶的知名村镇。经过元明两代，棉纺织业已经普及南北，而松江纺织技术尤其精湛，产品行销全国，甚至远销日本和朝鲜，有"衣被天下"之称，松江成为全国出产棉布的中心。据记载，松江棉布"之丽密，他方莫并"，外表美观，质地细密，堪称一绝。到了明朝中期，松江的标布被列为朝廷贡品，许多富商大贾争相购买。于是，松江府及周边地区，棉纺织业逐渐商品化、专业化，加上农田种棉可以产出更高的附加值，环太湖一带不少种植水稻的农田纷纷改种棉花，流行于宋元"苏杭熟，天下足"的谚语，到了明清逐渐被"湖广熟，天下足"所取代。

后人为了纪念黄道婆，造墓树碑，建祠塑像，奉祀香火，敬如神祇。黄道婆墓位于现在的上海市华泾镇东湾村（乌泥泾镇旧址），墓之东侧是黄道婆纪念馆，内有一尊高达2.2米的黄道婆塑像，门柱上

黄道婆墓

写着"两手织就云裳，一梭穿行宇宙"的对联，正中悬挂着周谷城书写的"衣被天下"。

黄道婆改良手工棉纺织的技术，改变了上千年来以丝、麻为主要衣料的纺织传统，进一步改善了人们穿衣避寒的问题。从全球视野来看，黄道婆改良的轧棉机踏车比美国发明轧棉机早约 500 年，脚踏三锭纺车比英、美、德等国早四五百年。郑和下西洋携带的中国土特产中，就有大量松江棉布。

上海机器织布局

1843 年开埠以后，上海成为中国最先进入工业化的城市，船舶修造、军事工业、纺织业等，均居全国领先地位。上海作为最早一批的通商口岸，吸引了许多外商投资设厂，其中尤以纺织厂居多。为与外资纺织工厂相抗衡，洋务派代表人物李鸿章主持筹建上海机器织布局，中国传统的手工纺织历史进入了机器生产的工业纺织时期。

上海是近代中国最大的通商口岸，外国洋布由于机器生产，产量高，质量好，因而被源源不断地进口，对江南手工生产的土布市场冲击很大。1878 年，已任北洋通商大臣的李鸿章在杨树浦黄浦江边筹建上海机器织布局，想通过重洋务办实业，改变不利局面，达到"分利""求富"目的。因为属于官督商办性质，所以在选择筹建负责人上颇费周折。

1876 年，李鸿章在一封信中已谈到筹办上海机器织布局问题：

黎召民（即津海关道黎兆棠——笔者注）再四讽劝，适有魏温云观察纶先与弟世好，会计最精，商情最熟，浼令出头承办。昨已赴沪，会集华商，查议节略。欲求如武穴开煤办法，由江、直各筹公款十万金，定购机器，存局生息；再招商股，购料鸠工，庶更踊跃。

魏纶先只是北洋幕僚中的一个技术人员，同江南官场和上海商业社会人头不熟，因此既不能获得两江（江苏、江西、安徽）的官款，也无法取得上海商人的支持，加之当时银根紧缺，所以魏纶先抵沪不久，筹建机器织布局即告失败。

两年后，前四川候补道彭汝琮上书李鸿章和南洋通商大臣沈葆桢，表示想负责筹建上海机器织布局。他声称建厂所需资金自行仿照轮船招商局的办法筹措，无需官府接济，但要求政府在纳税方面给予同洋布进口一样的待遇。并具体阐述了建厂方式，采用最新式机器，向英国订购布机480张，聘请外国技师数名，织成品质同洋布一样、价格较洋布低廉的布匹。

彭汝琮的想法得到南洋、北洋两位通商大臣的支持。李鸿章同意税收优惠的请求，并委任他为织布局总办，嘱咐审慎选择帮办人员、招集资本和创办经营。彭汝琮向李鸿章

李鸿章

提出由时任太古洋行买办的郑观应出任会办，李鸿章原本就器重郑观应，所以彭的提名很得李鸿章的欢心。

可是彭、郑二人并不和谐，在办厂方针、步骤安排等方面产生严重分歧。并且，彭汝琮在招股、订购机器、觅购厂址以及建厂规模等方面存在谎报瞒报情况。正如郑观应所禀报的，彭汝琮所称资金充裕，但"自始至终未见实际"，他擅自向新太兴洋行订购织机 800 部，因欠款而未成交，购置厂地也因抵押移应他急而无结果。为此，郑观应垫付款项 1 万余两，仍不能挽回局势，只得向李鸿章辞职。李鸿章认为彭汝琮"作事虚伪，专意骗人，毫无实际"，撤除了他的织布局总办职务。

1880 年，李鸿章委派编修戴恒为总办，命郑观应继续协助，实际筹办，并拟定《上海机器织布局招商集股章程》，较详细地制定了资金筹措、购机买地、生产销售、盈利分配等一系列规划，明确上海机器织布局"虽由官发端，一切实由商办"的性质，受到入股者欢迎，一时商人入股踊跃。上海机器织布局在选择厂址、聘请洋匠、订购机器、试验棉花等方面进展显著。在筹建之初，郑观应向李鸿章递上呈文，要求"酌给十五年或十年之限，饬行通商各口，无论华人洋人，均不得于限内另自纺织"，并要求对该局产品"准免厘捐并酌减税项"。在筹办过程中，李鸿章根据一些官绅的申请，代向清政府奏请准予"酌定十年之内，只准华商附股搭办，不准另行设局"。该局所产布匹，如在上海销售，免完厘税，如运销内地，仅在上海新关完一正税，沿途厘税全免。

谁知三年后的一场金融风波，波及上海机器织布局。当时市面骤紧，存款、押款均难收回。郑观应挪用股本，致使企业发生了亏空。这使得向来看不惯郑观应商人做法的那些官僚有机可乘。官股代表龚寿图就此大做文章，向李鸿章控告，使郑观应被迫离局。郑观应禀请由时任东海关道的盛宣怀接替工作，盛宣怀以自身业务繁忙难以兼顾为由，提议由经元善主持织布局商务。

经元善临危受命，总结经验，整顿局务。他采取增添资本、加强财务管理、增加与广大股商联系等措施，力图促进和加快织布局的筹建工作。在清理财务款项时，他发现私人欠款严重，光龚寿图就挪欠了2万余两，加上其他人的欠款，共10万余两。经元善追收欠款，触犯了龚寿图等人的利益。龚寿图故伎重演，诬告经元善侵吞资金，

上海机器织布局大门

上海机器织布局一角

经元善备受打击，决意辞职，上海机器织布局的筹建又一次受阻。

1887 年，股商沈善行等人禀请李鸿章，由龚寿图、龚彝图兄弟二人主持局务。1889 年底，上海机器织布局正式开工，轧花、纺纱、织布等机器设备购自英、美两国，工厂占地面积 300 余亩，雇用工人约 4000 人。之后又几度换帅，李鸿章先后委派时任轮船招商局会办的马建忠、直隶通永道杨宗濂为总办。1891 年织布机增加到 500 余台，1892 年年产 400 万码棉布、100 万磅棉纱。可是好景不长，1893 年 10 月 19 日，上海机器织布局清花间忽然起火，火势迅速蔓延全厂。杨宗濂赶紧前往租界求援，洋人却以织布局在租界之外为由，拒绝救火。大火从上午一直烧到晚上，前后达 10 个小时，烧毁建筑 600 余幢（间），造成直接损失约 150 万两，李鸿章苦心筹建了十多年的中国第一家现代机器织布厂毁于一炬。

大火烧毁了工厂，却没有烧毁洋务派求富自强的决心。11 月，李鸿章委派盛宣怀负责恢复织布局，募集新股 100 万两，在机器织布局旧址上重建机器纺织总厂，改名华盛纺织总厂，仍为官督商办。盛宣怀 12 月初到达上海后，用放弃专利、开放办厂的许诺吸引商股。据《北华捷报》1893 年 12 月 22 日记载：华商在各通商口岸可自由建立纱厂，条件是"出纱一包，捐银一两"，用于重建上海机器织布局，直到集满本银 200 万两为止。

除了着手恢复织布局并改名华盛纺织总厂外，盛宣怀还在上海、宁波、镇江等处招集华商，设立 10 个分厂。这些分厂名义上为官督商办，实际上都是私人资本企业。如华新纺织新局，由周晋镳、徐士恺等人创办。他们参加上海机器织布局后，在老股纠纷没有解决之前，另筹资本 24 万两，设立纺纱新局。又如裕晋纱厂，老板黄佐卿是湖州丝商；裕源纱厂，老板朱鸿度虽为浙江候补道，

盛宣怀骑马像

但主要在商道挣钱，开办当铺、出租土地、开办航运等，生意涉及面极广。

由于盛宣怀在筹集资金、向外洋订购机器等方面进展顺利，华盛纺织总厂很快建成，并于 1894 年 9 月 17 日正式开工。该厂拥有纺锭 6 万枚，织机 750 台，规模较之上海机器织布局更甚。同年，裕源纱厂以 2.5 万枚纱锭投入生产，次年大纯纺纱厂和裕晋纱厂也相继投产，呈现一派欣欣向荣的景象。

随着 1895 年、1901 年《马关条约》《辛丑条约》相继签订，帝国主义对中国的经济侵略进一步加强，对华资工厂的排挤进一步加剧。在这样的背景之下，华盛纺织总厂越来越暴露出它管理不善的问题，上自总管，下至办事人员，侵吞亏挪，投机倒把。1901 年，华盛纺织总厂因亏空过多，改名集成纱厂，并宣称：

所有华盛旧股，既不添本，以后新股盈亏，皆于旧股无涉。其所执华盛织布老局股票，一概作废……自应准其另招新顶替，改换厂名，再接再厉。

盛宣怀以"招商顶替"之法，意将官厂变为私厂。1913 年 12 月，集成纱厂更名为三新纱厂，此时三新纱厂资本已达 150 万，纺锭增至 6.9 万枚，织机增至 1005 台。华盛纺织总厂实际上已变成盛氏私产。从上海机器织布局到三新纱厂，中国现代棉纺织工业从封建官僚把持，逐渐发展到被买办资产阶级官僚集团所垄断。

申新纺织第九厂大门旧貌

　　不久，三新纱厂因经营不善，负债累累，抵押给了英商汇丰银行。后美商中国营业公司又从汇丰银行赎出三新纱厂，将地皮转卖谋取厚利，地面之物售予荣宗敬。1931年，荣宗敬出资购进三新纱厂，成立申新纺织第九厂。

　　上海机器织布局开创了中国近代机器纺织工业的新纪元，带动了后道各个加工工业，包括印染、针织、毛巾被单、制线、织带，以及毛纺织、丝织业等产业链的拓展，为中国近代纺织工业的初步发展奠定了基础，在中国近代工业史上具有重要意义。

旧上海纺织业格局与民族企业家

　　辛亥革命后，特别是第一次世界大战前后，战争的影响加上中国人民的反帝斗争，在华外资纺织企业发展受到阻碍，官僚资本纺织企业因内部管理不善等也面临困境，这样就给民族资本纺织企业留下了一定的发展空间，旧上海形成了外国资本、官僚资本、民族资本迭替竞存的发展格局，出现一些著名的民族企业家和纺织集团。

　　中国第一家动力机器缫丝厂为1861年英商怡和洋行在沪开设的纺丝局。当时该局拥有缫丝机100部，大部分机器设备在香港制造。还聘请了4名法国技工来华训练本地劳工。到同年7月，共发展了25名缫丝女工骨干分子。当年秋天，第一批生产的机缫丝运往欧洲。《英国驻华领事商务报告》称"其售价在英国竟高过欧洲的厂丝"。

　　《马关条约》签订后，列强获得在中国通商口岸设厂的特权，上海外资纺织厂发展迅速。1896年至1897年间，美商鸿源纱厂，德商瑞记纱厂，英商老公茂、怡和纱厂相继开工。1902年至1912年，日商也先后在上海开设"上海纺织""内外棉"和"日信"三家纺织厂。到第一次世界大战前夕，外商在上海共拥有棉纺锭33.9万枚，织布机1986台，占上海棉纺锭总数的70.50%，其中英商最多，日商

上海日商内外棉纱厂

内外棉纱厂的
"水月"商标

次之。

上海机器织布局是中国第一家动力机器纺织工厂，尽管规定十年内不准另行设局，但在巨大利益驱动下，仍有不少权贵创办纺织厂作为分厂存在。1891年，上海道台龚照瑗主持创办华新纺织新局。1894年至1895年，裕源、裕晋和大纯三家纺织厂投产。

1905年至1913年间，苏浙等地机器棉纺织业迅速崛起，上海棉纺市场空间遭到挤压。另一方面，甲午战败后，外商在上海投资设厂之风兴起，上海华商纱厂更加遭到排挤。

第一次世界大战爆发以后，西方国家忙于战争，向中国输入商品减少，加上战争国家对棉纱、面粉等轻工业品的需求增加，上海民族资本纺织工业发展迅速，进入短暂的"黄金时代"。当时棉纱棉布进口数量一反过去数十年不断上升的趋势而急剧下落，中国市场上的纱布市价突飞猛涨，当时有一个说法，"一件纱赚一只元宝"。

民族棉纺织工业在这种厚利的刺激下，出现了建厂和扩厂的高潮。1915年至1925年间，上海棉纺织业生产规模呈现持续增长态势。1915年，上海共有纱厂7家，纱锭162582枚；1920年，有纱厂12家，纱锭303392枚；1925年，共有纱厂22家，纱锭677238枚。1915年至1925年间，纱厂增加了15家，纱锭增长了316.6%。

除规模的扩大和工厂数量的增加，民族资本纺织工业在这一时期还出现不少著名的民族企业家和纺织集团。

荣宗敬、荣德生兄弟是江苏无锡人，出身于经商世家。祖父锡畴当家时，家境开始衰落，到他们的父亲荣熙泰时，祖传的家产只剩下

荣宗敬　　　　　　　　　　荣德生

旧屋 2 间和田地 10 余亩。荣熙泰自觉振兴家业无望，便将希望寄托在两个儿子身上。

荣宗敬（1873—1938），又名宗锦。14 岁时，由父亲的朋友介绍到上海南市铁锚厂当学徒。后入上海永安街豫源钱庄做学徒，满师后转任南市森泰蓉钱庄跑街，专管无锡、江阴、宜兴三地的汇兑收解，接触的客户多经营棉麦等农产品。这为他后期创办棉纺织厂奠定了基础。

荣德生（1875—1952），又名宗铨。15 岁时，由其兄荣宗敬推荐，也来到上海永安街，在通顺钱庄习业，熟悉了庄内银钱账目、结账月盘、汇兑批水等业务，为其日后事业迈出了重要的第一步。

两人首次创业是 1896 年，在上海南市开设广生钱庄。钱庄额定资本 3000 元，兄弟两人拿出 1500 元与人合股，由荣宗敬任经理，荣德生管账。不久，父亲病故，留下遗训：经营事业，信用第一，开支要省俭，做事要稳重。此后，兄弟二人勠力同心，谨言慎行。但因获利不多，合伙的其他股东纷纷退出。自 1898 年起，钱庄由荣氏兄弟独自经营。

1900 年，两人由钱庄转向实业。他们以钱庄之盈利，与人合伙在无锡筹建保兴面粉厂。该厂资本 3.9 万元，官僚投资 1.5 万元，荣氏兄弟投资 6000 元，其余招股。保兴面粉厂在荣氏兄弟经营下，资本增至 5 万元，并改组为茂新面粉厂，产量、质量均有明显提高。

1905 年，荣氏兄弟以钱庄和面粉厂盈余，各认振新纱厂股份 3 万元，正式进入纺织工业领域。1909 年振新纱厂人事改组，荣宗敬任董事长，荣德生任经理，振新棉纱已经能与"蓝鱼"牌日纱同价齐卖。但是，兄弟二人在办厂理念上与其他股东不一致，遂毅然退出，在上海招股另办申新纺织厂，荣宗敬任总经理。

荣氏兄弟抓住时代机遇，不断扩大工厂规模。1914 年第一次世界大战爆发，客观上为民族资本腾出发展空间。继保兴面粉厂之后，荣氏兄弟又在上海陆续创建和扩建了福新面粉厂、福新二厂、福新三厂。至五四运动期间，荣氏面粉厂发展至 12 家，纺织厂发展为 4 家。值得一提的是，1917 年 3 月荣氏兄弟以 40 万元买下恒昌源厂，更名为申新二厂。这是中国近代史上，民族工业资本兼并日本资本的唯一例子，被称为"在棉纺织史上放一异彩"。这一时期也是荣氏企业发展史上的黄金时代，荣宗敬、荣德生被誉为"面粉大王"和"棉纱大王"。

近代上海纺织业另一大势力是永安纺织企业，创始人为郭乐、郭泉、郭顺三兄弟。他们的创业经历同样具有传奇色彩。

郭氏兄弟出身于广东中山乡下的贫苦家庭。郭乐（1874—1956），号景崇，排行第二。18岁左右便独自一人赴澳大利亚悉尼谋求生计。他以开设永安果栏起家，主要经营水果批发业务，兼营中国土特产和当地一些杂货的批发零售业务。随着生意规模的扩大，郭乐将家中的弟弟郭泉、郭顺等人接到澳大利亚，以为帮手。

1907年，郭氏兄弟开始将经营重心转移到国内，在香港创设永安百货公司，经营业务主要是选办环球百货。公司创办初期仅有资本港币16万元，店面一间，职员十余名。1912年增资为港币60万元，郭乐出任总监督，郭泉任司理，店面扩充为4间，职工增为六十余名。至1931年，香港永安公司自有资金已达港币630万元，成为大规模的百货公司。

1913年，郭氏兄弟开始在上海南京路筹建永安百货公司。1918年，永安百货公司正式开业，主要经营环球百货，附设银行部，并于同年建立大东旅社、天韵楼游乐场等企业。国内首次出现这样大规模的百货公司，开幕后几天内商品几乎"销售一空，营业盛况，为始料所不及"。

1922年，郭氏兄弟又在上海设立永安纱厂，这是永安企业将触角伸向工业的首次尝试。永安资本集团一直从事商业，为何在1920年以后转向投资上海纺织工业？据郭泉回忆，乃是受到实业救国思想

郭乐　　　　　　郭泉

的影响："怵于我国实业之不振，利权之外溢，乃与二兄鸢辉（即郭乐——笔者注）筹设纱厂，以挽回利权。"当然，"一战"爆发后上海棉纺织业利润优厚，也是永安企业投资上海纺织工业的重要原因之一。

上海永安纱厂投产时资本额为港币 600 万元，纱锭 3 万余枚。1924 年，永安布厂也开始投厂，拥有布机 510 台。永安纱厂投产不久，受国际花纱价格波动和欧洲国家商品重新占据中国市场等因素的影响，棉贵纱贱问题突出，上海棉纺织业迎来"萧条时期"。但由于永安纱厂资金充厚、劳动生产率高、管理科学，不但没有被冲垮，1924 年还盈利 13.5 万元。1925 年，大中华纱厂被永安纱厂兼并，改

永安第二纱厂

名为永安第二纱厂。1928年，郭氏兄弟买下鸿裕纱厂，将其改名为永安第三纱厂。至1936年，永安纺织公司已发展成为具有纺织、漂白、印染功能的全能棉纺织企业，拥有纱锭25.6万枚，资金达1261万元。在民族棉纺织企业中，其规模仅次于申新。

战火频频，起起落落

1931 年至 1945 年，是整个中华民族受尽磨难的 14 年。覆巢之下，安有完卵。上海纺织工业在这 14 年间，也是历经艰险，起伏跌宕。

1929 年至 1933 年资本主义世界经济危机，中国受到影响，上海棉纺业最直接的冲击来自日本。上海棉纺业以华北为主要市场，由于"九一八"事变后，东北市场为日本纱厂独占，在华日厂依靠政府补贴转向华北倾销，华商纱厂受到沉重打击。受世界经济危机影响，1933 年春，华商纱厂联合会决定各厂集体减工 23% 至 25%，上海华商纱厂的资本由 3720 万两降至 2700 万两左右，就连"棉纱大王"荣宗敬也不禁哀叹，纱厂没有一日不在愁云惨雾之中。1933 年，上海全市有 214 家民族资本企业、商店倒闭，61 家被迫改组。

1934 年 7 月，全国最大的民族资本纺织公司——申新总公司因资金枯竭，缴不出统税而搁浅，引起轰动。原来，申新纺织第七厂资金周转困难，荣宗敬以申新七厂全部地基房屋及机器设备作为抵押，向汇丰银行借款 200 万银圆，并约定 1934 年 12 月 31 日到期。到期之际，申新七厂无力偿还借款，汇丰银行强行拍卖申新七厂，承购人为日商纱厂代表。申新企业是近代中国最具实力的纺织企业，最终在社会各界的舆论压力下，申新七厂得以保住，是为"申新七厂被拍卖事件"。

过了几年，"八一三"淞沪会战中，上海遭受了极其惨重的损失。上海工厂集中的闸北、虹口、南市、杨树浦一带，首当其冲成为战场。据经济部调查统计，上海纺织工业部门损失如下：

"八一三"淞沪会战中上海纺织工业部门损失情况

部门	损失数（万元）
纺纱	7500
染织	983
毛织	300
丝织	11500
总计	20283

沪战爆发后，在日军占领区的24家华商纺织厂毁损大半，约占当时纺织厂布机总数的89%。被日军抢占的棉纺织厂有12家，资本达2200余万元，锭数455136枚，约占战前上海华商纱厂总锭数40.8%。至1937年12月12日，华商纱厂共有28家完全停工，仅沪西申新二、九厂，新裕一、二厂等7家纱厂恢复夜班。损失最为惨重的有申新第一、五、六、七、八厂，永安第一、二、四厂，恒丰，振华，上海纺织，大丰，恒大，纬通，美丰，振泰，鼎鑫，仁德，宝兴等厂。

据报道，1937年10月27日上午8时3刻，申新一、八厂惨遭轰炸，日军巨型轰炸机在"申八"上空投下重磅炸弹十八九枚，并用机关枪向有人之处乱扫，致使350余人受伤，70余人死亡，厂房几乎全毁。一厂北工场、布厂的半部、办公室、工人宿舍、饭厅、货栈、物料间等也几乎全部被炸毁。

从 1938 年开始，上海工业出现畸形繁荣，1939 年至 1940 年达到高潮。从地域上看，主要集中在租界范围内；从行业上看，以纺织工业与机器工业为主。这种繁荣是极其短暂的，1941 年就很快呈现衰退趋势。

上海纺织工业的畸形繁荣，从 1936 年至 1941 年相关工业部门工业生产指数可以窥见。

1936 年至 1941 年纺织工业部门工业生产指数

部门＼年份	1936	1937	1938	1939	1940	1941
棉纺织业	100	81.7	69.8	104.5	99.0	63.3
丝织业	100	72.6	95.5	116.8	104.2	67.3
毛纺织业	100	89.1	59.5	164.8	173.1	149.5
染织业	100	81.9	73.0	213.9	232.9	196.0

据表，至 1939 年，上海纺织工业整体上均恢复生产，甚至超过战前水平。在 1939 年至 1940 年间，棉纺织业和丝织业略有下降，毛纺织业和染织业增长迅速。而 1941 年起，各工业部门的生产均出现下降。

"孤岛"时期上海纺织工业的畸形繁荣，主要有以下几个方面原因：第一，沪战结束后，上海租界局势相对稳定，为工业投资创造了有利条件。日军在租界实行所谓的"和平封锁"政策，上海租界与外国及中国内地的联系得以继续保持。第二，租界劳动力资源充裕。从1938年春起，随着上海附近省份成为战区，江、浙、皖、鲁等地战区人民纷纷来上海避难，上海租界人口从战前的250万，到1938年10月增加到近500万，较1935年增加一倍。第三，租界游资逐步集中。沪战结束后，各地富商大贾纷纷偕家眷、带巨额资金来到租界。据估计，至1940年5月底，游资超过50亿元，是1938年的10倍之多。第四，大后方工业品需求旺盛。大批工业品仍须从各大沿海城市输入，其中不少物资就在上海采办，尤其是纺织、药品、五金仪表等。

太平洋战争爆发后，从1941年12月8日日军进入上海租界，到1945年8月日军投降，这段时期上海纺织工业也完全被日军所控制，陷入停滞、破产状态。上海纺织工业所拥有的一切有利条件几乎完全消失，"孤岛"时期的畸形繁荣也戛然而止。据统计，1942年各纺织工业部门的生产平均指数与1941年相比较，除毛纺业增加外，棉纺织业减少70%，丝织业减少10%。太平洋战争爆发后，日军压迫中国民族工业的重要手段之一便是控制动力及原料资源。上海的电力供应一减再减，至1943年底，几乎完全停止。上海整个民族工业的生产，均陷入停顿状态。至1944年底，大批工人失业，上海市产业工人总数减至10万人。

自1937年全面抗战爆发后，为应对战争局势，自上海发端，中国东部各地工厂企业大批内迁，直到1940年底才基本完成，持续时间近4年之久，内迁工厂企业450家。其中不少为上海纺织企业。

"八一三"淞沪会战中，据统计，自1937年8月12日上海工厂联合迁移委员会成立，至 11 月 12 日沦陷，上海共迁出民营工厂 146 家，其中纺织染业有 7 家。另据《银行周报》调查，至 1938 年 5 月，上海共迁往内地工厂 152 家，其中纺织工业 37 家。当时，这批工厂主要迁往湖北。

"八一三"战事结束后，上海工厂除一部分迁往内地外，其余大部分迁入租界，也有一部分迁往香港寻求发展。因受日伪控制，内迁工作异常艰险，但是仍有不少工厂离开上海，经由浙赣、桂越、滇越、滇缅等路线辗转内迁。据统计，至 1939 年 12 月，上海市内迁工厂 75 家，其中纺织业有 6 家，分布在川、滇、黔、桂等地。

其中比较具有代表性的如刘鸿生的章华毛纺厂。1937 年 11 月日

章华毛纺厂车间

军控制上海时，除章华毛纺厂的部分机器设备移入租界外，在上海的刘氏集团企业几乎全被日军占领。刘鸿生为躲避日方合作要求，于1938年6月逃出上海，去往香港，并将企业资金逐步转移到香港。同时，国民政府加紧做刘鸿生的工作，希望他到后方创办工厂。刘鸿生设法将章华毛纺厂部分纺织和染整机器运至四川。历经6个月时间，500多吨的设备和器材偷运出上海，而货物从海防运到仰光，再经滇缅公路运往后方，更是历经千难万险。

战时的工厂内迁，是在中国举国抵抗日本侵略的特殊历史背景下发生的。这次民族工业的大迁徙，涉及地域之广、动员力量之大、跋涉路途之远、经历时间之长、辗转周折之险，在中国近代史上绝无仅有。此次工厂内迁，有助于奠定大后方工业的门类和发展框架，在大后方工业体系中发挥了骨干作用。

短暂的繁荣与困境

1945 年 8 月 15 日，日本天皇宣读停战诏书，接受《波茨坦公告》，历时 14 年的抗日战争结束了，中国人民历经磨难，终于赢得了胜利，中国纺织工业也迎来了重获新生的曙光。

战后，日资退出与中国资本的竞争，国民政府接收全部在华日资纺织企业，并改组为一个庞大的国营纺织集团——中国纺织建设公司。这是中国纺织工业有史以来第一个大型国有集团。

1945 年 11 月 27 日，国民政府行政院院长宋子文在行政院会议上提出，将敌伪纺织厂及其附属事业全部收归国有，专门设立中国纺织建设公司，负责经营管理，待两年后再实行私有化。

国民政府的这一做法遭到民营企业的反对。荣家企业创办人之一荣德生说："没收大批敌伪产业，原皆我国人民血汗，被敌攫取，转而向我榨取倾销，作经济侵略之资本。今我一旦获此，洵属可喜。但日本纱厂接收后，全部改为国营，亦是与民争利，以后民营纱厂恐更将不易为也。"由于民营纱厂寄希望于两年后接手这些日本纱厂，便不再就此事继续争论，纷纷派出厂长、专家、技术人员等去中国纺织建设公司工作。

12 月 4 日，董事会在重庆召开第一次会议，会上通过了公司组织规程，并聘任束云章为总经理，李升伯、吴味经为副总经理，中国纺织建设公司总公司正式成立。次年 1 月 2 日，中国纺织建设公司总公司迁入上海。之后，又陆续在青岛、天津、沈阳设立分公司，还在各重要城市如南京、郑州、西安、重庆、汉口等设立办事处。

同时，中国纺织建设公司开始从事接收事宜。至 1946 年底，共接收固定资产总值约合法币 193 亿元，折合美金 7 亿元。所属工厂共85 家，以棉纺厂为主。

1946 年中国纺织建设公司设备统计

地区	厂数	纱锭	线锭	布机
上海	18	897328	238852	18195
青岛	8	324524	35964	7262
天津	7	332872	50756	8640
东北	5	223208	13420	5330
总计	38	1777932	338992	39427

上海是中国纺织建设公司接收的重点。1946 年 1 月 16 日，中国纺织建设公司在上海接收第一批厂共 20 个单位，其中 19 个是棉纺织厂。包括棉纺厂在内，共接收日资纺织厂 52 个，整理合并后成为 39 个厂。所有厂一律改厂名。经过对个别厂的调查和调整后，至1946 年 6 月，中国纺织建设公司上海区尚存 18 个棉纺厂，拥有纱锭 897328 枚，线锭 238852 枚，布机 18195 台，总生产能力折合纱锭1411916 枚。日后中国纺织建设总公司号称拥有 170 万纱锭，其中一

半以上集中在上海。

抗日战争胜利后，国内交通逐渐恢复，外棉进口开放。从 1945 年 8 月战争结束到 1946 年底，是上海棉纺织业复工和获取暴利阶段。在前一年的基础上，1947 年继续扩大生产规模和提高产量。上海棉纺织企业的资本家都认为这是棉纺织业历史上又一次罕见的"黄金时代"。

1946 年，行政院正式修改完成《物资建设五年计划草案》，对全国铁路、水利、煤矿、纺织等各方面的建设制订了详细的计划。关于纺织工业，全国各产棉区被划分为东北、西北、西南、东南四个中心，各区创设新式大型纺织厂。针对民营纱厂，采取改进原棉采购方式、举办低利农贷、选发优良棉种等措施，以扶植棉农增产，降低原料成本。

在两年多时间内，上海民营纺织业生产发展很快。根据全国纺织业联合会 1947 年调查，上海民营纱厂的总生产能力折合纱锭约 170 万枚，比 1936 年增加约 34 万枚；工厂数目增加了 21 家，开工的纱锭和布机数都超过了 1936 年。随着投产设备的增加，棉纱棉布的产量也日有所增。据不完全统计，1946 年下半年上海民营企业的棉纱和棉布的产量分别达到上半年产量的 183.4% 和 199.1%，1947 年纱布产量继续上升，已超过 1936 年华资纱厂的产量。

以申新二厂为例。1938 年"孤岛"时期，申新二厂抓紧时机日夜开班生产，该年棉纱产量为 33271 件，其盈利总额折合黄金约为 1.7 万两；而 1946 年的申新二厂棉纱产量仅为 1938 年的 68.9%，其盈余总额折合黄金约计 3 万两，每件纱的利润是 1938 年的 2 倍半多，相当可观。

申新系统战后增设了鸿丰纱厂，成立了以进出口为主要业务的天元实业股份有限公司，在无锡开设了天元麻毛棉纺织厂，兴建了开源机器厂，购买了安徽芜湖的裕中纱厂、上海的国光印染厂，修复了无锡的申新三厂，使其成为江苏第一大厂，还投资官商合办的中国纺织机器制造公司，等等。1948 年，申新上海各厂拥有纱锭总数达 464748 枚，比战前的 1936 年增加了 1.3 万枚。

但是，随着国民党统治区经济的崩溃，上海纺织工业再度陷入困境。1948 年 8 月 19 日，国民政府颁布"财政经济紧急处分令"，开始了自 1935 年发行法币以来的又一次货币改革，新货币定名为金圆券。同日，国民政府实行全面限价政策，不论各种商品成本的高低及变化，规定价格一律冻结。这给棉纺织业以沉重打击。永安纱厂老板郭棣活致郭乐、郭顺的信中说："纱布限价在成本之下，为纺织工业致命之打击。"当时申新上海各厂的损失，估计就达 2589.6 万元。

金圆券的发行，给企业家不仅带来经济上的巨大损失，还有精神上的威胁。政府强迫限期收兑民间持有的金银和外币，并采取严厉的打压措施。在棉纺业中，申新纱厂荣鸿元所受打击最为严重。1948 年 5 月 20 日，申新六厂因缺乏原棉，与上海盛享洋行签订合同，购买印棉 1500 包。按照合同规定，须先付定金 20%，交给香港一家洋行代收，余款等申新六厂把棉布运港销售后再付清。荣鸿元因一时借不到外汇付定金，他的驻港代表只好在港购买申汇港币。8 月 19

日币制改革实行新的外汇政策后，国民政府以荣鸿元私自套购外汇为由，将其逮捕。这给荣家、纺织界同行，乃至社会各界都带来了恐慌。

1945 年 8 月以后，民族资本家对国民政府的态度发生改变，棉纺厂资金开始外流。棉纺厂资金外流的方式并不固定，最初是将棉纱和棉布运到华南市场出售，然后将货款兑换成外汇，存入外国银行。资金外流的第二种方式，是外销。即与棉花商签订假合同，将纱布运到香港出售，售款存在香港。第三种方式是套汇。永安纱厂的资本家从1946 年起，即开始有目的地以其部分资金多方套汇，他们在香港设法寻找想用港币兑换法币的人，然后按市场价格与对方交换，以此收买港币，再用这些港币在香港收买英镑，以便存入伦敦的银行。根据永安纱厂资方来往电报获知，在 1946 年 11 月和 12 月间，仅仅通过道亨银行汇入香港的资金即达 950 万元港币。第四种方式是在香港投资开厂。从 1947 年 8 月到 1948 年 4 月，上海棉纺业在香港开设了五个纱厂，投资总额达 1.03 亿元。

1949 年，上海纱厂因原料和销售渠道中断，正常生产难以为继；上海纱厂工人纷纷返回原籍，纱厂生产更加萎缩。以 1949 年 4 月 21 日的工人数与 5 月 24 日比较，4 月 21 日民营纱厂日、夜两班工作的工人共 56646 人，5 月 24 日，日、夜两班工人为 42338 人，减少25%。永安纱厂在这一个月间，因永安二、四厂全部停工，工人从6628 人减少到 3217 人，减少了 51%，这在永安历史上是少有的。

扬眉吐气与「壮士断臂」

"上青天"时代

上海纺织支援全国

曹杨新村：中国第一个工人新村

全市第一家国企破产试点：上海第二织带厂

以"科技与时尚"战略实现涅槃重生

长三角一体化与纺织业的机遇

中华人民共和国成立后，上海纺织在全国一盘棋中大开大合，为新中国经济建设做出了很大贡献。上海纺织工人不仅付出了心血与汗水，还一度经历了产业调整的震荡和下岗转业的艰辛。上海纺织业转型后，开始以"科技与时尚"实现涅槃重生。长三角一体化下发展战略更是使纺织业面临机遇与挑战。

"上青天"时代

自洋务派创建第一家现代纺织厂，至 20 世纪 30 年代中期，全国形成了一批纺织工业中心城市。上海、青岛、天津的纺织业生产能力分居全国前三位，中国纺织业逐渐形成三大基地"三足鼎立"的局面，被人们誉为中国纺织工业的"上青天"。新中国成立后中国现代纺织业的飞速发展，也是基于这一近代形成的良好基础。上海位居纺织工业城市首位，在 20 世纪五六十年代大规模支援全国纺织工业建设，形成全国一盘棋的纺织工业格局。

1914 年至 1936 年为"上青天"的形成期。至 1936 年，上海纺织业规模位居全国第一，其中棉纺锭 266.71 万枚，占全国棉纺锭总数的 52.32%；毛纺锭 39527 枚，占全国毛纺锭总数的 54.17%。1916 年，青岛开始建立棉纺织企业，至 1936 年棉纺锭达 56.84 万枚，占全国总量的 11.15%，位列全国第二。天津纺织工业发展较早，1913 年有棉纺锭数量 0.10 万枚，1936 年达到 23.31 万枚，占全国总量的 4.57%，虽然不及江苏、湖北，但其凭借毛纺锭 13428 枚的规模，位列全国纺织工业第三。

1937 年至 1949 年为"上青天"的曲折发展期。抗日战争全面爆发后，沦陷区纺织工业遭到重创。直至抗战胜利，各地纺织工业才得

到不同程度的恢复。1949 年，上海、青岛、天津棉纺织设备占全国
70% 左右。其中上海由于部分纺织设备南迁香港和台湾而略有下降，
占 46.6%；青岛虽然棉锭数尚未恢复至战前水平，但份额上仍占全国
7.5%，仅次于上海；天津棉纺锭数已超过战前水平。此时上海、青
岛、天津三大纺织工业基地的重要地位已不可动摇。

全国棉纺、毛纺和丝绸地域分布（1949 年）

地域	棉纺锭		毛纺锭		缫丝机		丝织机	
	万枚	%	万枚	%	万绪	%	万台	%
上海	240.16	46.54	9.49	73.45	0.53	5.98	0.57	13.54
江苏	77.34	14.99	0.3	2.32	2.96	33.37	1.48	35.15
青岛	38.91	7.54	—	—	0.05	0.56	0.28	6.65
天津	34.93	6.77	1.18	9.13	—	—	0.16	3.8
全国	516	100	12.92	100	8.87	100	4.21	100

新中国成立后至 20 世纪 90 年代，为"上青天"发展的鼎盛时
期。上海、青岛、天津纺织工业历经 50 年代、80 年代两次大发展，
成长为部门齐全、规模较大的支柱性产业。90 年代初，受纺织品国内
外市场波动等因素影响，三地纺织工业出现重复建设、设备陈旧落后
等情况，棉纺织生产严重过剩。至 90 年代中期，国家出台新的宏观
调控政策，对北京、天津、青岛、济南、石家庄、郑州等大中城市棉
纺织能力进行压缩，与此同时大量外资企业进入中国，国有、集体企
业面临改制，纺织工业的"上青天"时代风光不再。

　　揆诸缘由，"上青天"时代的形成与上海、青岛、天津的地理位置、工业基础等密不可分。三地分别属于长江、黄海、渤海的港口城市，开放程度较高，水陆交通便利。并且均拥有广阔的经济腹地，上海背靠长江流域，青岛和天津背靠黄河流域，这两大流域水资源丰富，无霜期长，人口密集，为全国重要棉花生产地和纺织品销售地。三地本为手工纺织业重镇，如上海的松江、天津附近的高阳、青岛的棘洪滩，奠定了现代纺织工业发展的基础。优越的地理位置和经济条件，造就了曾经的纺织工业"上青天"时代。上海因其更加优越的经济地理条件，成为全国最大的纺织工业基地。

上海纺织支援全国

1949 年七八月间，新任中央财政经济委员会主任不久的陈云到上海主持召开全国财经工作会议，会议提出"全国支援上海，上海支援全国"的方针。新中国成立初期举全国之力发展上海，待上海经济稳定后反哺全国。支援全国，是社会主义建设时期中央交给上海的一项重大战略任务。上海纺织工业占据全国半壁江山，在 20 世纪五六十年代"二五"计划和三线建设时期积极响应国家号召，大规模支援全国建设。

1958 年中国开启第二个五年计划，中共中央提出"全国一盘棋"思想，明确要求上海、天津、辽宁等我国最主要的工业城市和工业基地，支援中小城市地方工业发展。1958 年 10 月，上海市纺织工业局应广西壮族自治区的要求，提出支援广西纺织工业建设的具体方案，整建制将协丰染厂、荣昌内衣厂、瑞丰内衣厂、同济袜厂、东风毛巾厂、裕华毛纺厂麻纺部，共计 6 个工厂、1270 名职工迁往广西。

1959 年至 1960 年，上海又先后向福建省迁出正义兴、维大、裕成昌等丝绸厂，鼎顺染绸厂，启新内衣厂，奇美衬衫厂，虹桥毛巾厂，王和兴拉链厂，等等。1960 年，向云南省支援了荣昌棉纺厂、立成枕套厂，并入昆明内衣针织厂和昆湖针织厂。同年，上海协平漂染厂、瑞丰祥内衣厂、万里袜厂 275 名职工、113 台设备迁往广西壮族自治区。

据统计，至 1962 年，上海共支援外地纺织企业 43 家，职工 4798 人。支援的地区包括江苏、安徽、福建、江西、广西、云南、四川、山西、内蒙古、甘肃、陕西、新疆等。比如当年西安"纺织城"一度拥有 30 万人，大量"外援"主要来自上海、四川、河南等，有"小上海"之称。

上海支援的纺织工厂为各地工业发展注入了新鲜血液，多数成长为当地骨干企业，部分甚至填补了当地工业的空白。以上海支援福建为例，这批工厂主要落在三明市。当时的三明市作为重工业基地，正处在大规模建设之中，轻重工业比例失调，轻纺工业几乎是一片空白。上海纺织工厂的到来，很大程度上解决了该市居民穿衣问题。

20 世纪 60 年代中期，基于当时日趋紧张的国际局势，以及国内工厂集中分布在东部沿海城市的工业布局现状，国家又作出以备战为主要特征的三线建设计划。一线指东北及沿海各省市，三线指云、贵、川、陕、甘、宁、青、豫西、晋西、鄂西、湘西等 11 省区，一、三线之间为二线。国家计划将一、二线重要的国防、科技、工业、交通等生产资源逐步迁入三线地区。

尽管三线建设项目以国防工业和重工业为主，但仍有不少轻纺工业也在搬迁之列。继 20 世纪 60 年代初期上海支援福建一批纺织工业后，1965 年，上海静安棉纺织厂、立丰染织厂、经昌染织二厂、华光被单厂、勤余针织厂和锦新丝绸厂等 6 家工厂迁至福建，分别设在三

1971 年 2 月 18 日，三明纺织厂召开全面投产大会

明、龙岩、南平、邵武 4 地。

　　这些工厂迁入福建后很快形成自身"造血"功能，并不断发展壮大，成为福建工业的生力军和税利大户。上海静安棉纺织厂、立丰染织厂先后组建为三明纺织厂和三明印染厂，结束了三明市手工纺纱的历史，为该市纺织工业的发展掀开了新的一页。部分工厂目前仍活跃在国内外市场上，由上海华光被单厂和经昌染织二厂发展而来的福建佳丽斯家纺有限公司，销售网点遍布全国各省市，其产品被誉为"福建名牌产品""中国好产品"，形成良好的品牌效应。如今，福建省纺

织行业位居全国前列，已形成化纤、纺纱、织造、染整、服装、纺机等完整产业链和产业集群发展格局。

上海支援全国在实施过程中不是没有问题，也存在一定程度上浪费资源、破坏环境的现象，但总体来说，这项工作、这些举措对于发展内地工业经济，推动国家工业化进程发挥了不可磨灭的作用，功劳显然是第一位的。

曹杨新村：中国第一个工人新村

　　提起工人新村，上海市民应该不会陌生。中华人民共和国成立后，国家以工业化为社会主义经济发展的主要目标，上海工人数量连年增加，伴随而来的，是严重的住房短缺问题，人均居住面积不到4平方米。1951年，经过短暂的经济恢复，毛泽东提出"必须有计划地建筑新房，修理旧房，满足人民需要"，住房重建计划被提上议事日程。工人新村主要服务于国有企业职工，是上海颇具特色的住宅类型，直到20世纪90年代以后才逐渐退出住房建筑市场。

　　曹杨新村是上海建成的第一个工人新村。它始建于1951年，第一期（曹杨一村）选址于普陀区西侧、沪西工业区外围的待城市化地区。普陀区沿苏州河地区在上海解放前曾是纺织业集中的工业区，汇集了大量工人。新建成的工人新村计有三开间二层楼房48幢，162个单元，1002户，因地近曹杨路，遂命名为曹杨新村。1953年，围绕着曹杨一村的曹杨二、三、四、五、六村陆续建成。至1978年，曹杨新村成为拥有9个小区、占地158公顷、可容纳7万居民的工人居住区。

　　新村地势平坦开阔，苏州河支流在此通过，多条河浜环绕其间，环境优美，远离市区却靠近沪西工业区。这样的选址，在疏解市区人

曹杨新村（1957 年）

口的同时，又可以方便工人上下班。

新村设计并不遵循"土地开发利益最大化"的商业逻辑，而是要通过理想化的"花园新村"为社会主义工人阶级创造新的生活空间。

整个新村布局舒展，环境优美。小区之间以自然河道、公园和大片绿地相隔，商业街、学校、食堂、医院等公共设施，随着经济发展和人口增加趋于完善。与里弄住宅严谨、规整、拥挤的生活空间不同，新村住宅之间留有非常开阔的空地，一条入户的石子路自然地将其分为南向花园和北向内院，家家户户养花种菜，还设有集中空地供居民纳凉、聊天。居民、住宅、院落和树林、小溪、石径一同构成了一幅如画的风景。

从托儿所到中学，从小卖部到职工医院，新村为工人们提供了日

曹杨新村内院落（20世纪50年代）

居民在曹杨新村内纳凉（1952年）

曹杨新村鸟瞰图（2015 年）

曹杨新村（2016 年）

常生活的基本服务。曹杨新村工人具有一定的共性，他们多为国企一线工人，党员，拥有高级职称（八级工）和劳动模范、先进工作者等荣誉称号，年龄大约在 40 岁以下，育有两三个孩子。第一批新村居民中，就包括陆阿狗、杨富珍、裔式娟等 114 位劳动模范和先进生产者，其中不少出自纺织系统。

继曹杨新村之后，上海全市范围内掀起了兴建工人新村的热潮。仅普陀一区，就建造了甘泉、宜川、同泰、顺义、石泉、金沙、普陀、光新路新村等十几处工人新村，其中相当比例是纺织工人住户。

20 世纪 90 年代以来，随着国有企业改革、住房商品化等社会变革，以曹杨新村为代表的工人新村遭受冲击。新村工人逐渐为外来租客所替代。新村工人去了哪里呢？截至 2010 年 6 月，新村家庭中近半数发生搬迁行为，且多数选择在曹杨新村附近的社区居住，以便于分居家庭成员之间相互照顾。1998 年开始的房改政策，也是新村工人流出的原因之一。2004 年，曹杨新村被列为上海市优秀历史建筑。作为上海工人之家的摇篮，全国街道工作的典范，它承载着上海的历史文脉和包括纺织工人在内的无数产业工人的深厚情感。工人新村建设的高潮已经过去，但这段集体记忆将被历史永远流传下去。

全市第一家国企破产试点：上海第二织带厂

1997 年底中央召开的经济工作会议决定，从 1998 年开始，我国将用 3 年时间压缩、淘汰多余、陈旧的纺锭 1000 万。作为全国最大的工业城市上海，也将压锭 70 万。

1998 年 1 月 13 日，上海市棉纺压锭领导小组召开会议，明确全市纺织"压锭战"即将打响，并公布全年压锭目标 68.2 万锭。消息两天后见于《解放日报》一版，全市震动。

十天之后，1998 年 1 月 23 日，贯彻国务院"压锭、减人、增效"战略的第一锤，在中国最古老的机器纺织企业上海申新纺织第九厂砸下，重达 600 吨的 5.5 万纱锭被送进炼钢炉。

一位全国政协委员曾说："纺织工业是我国的母亲工业。新中国成立以后，纺织工业为满足人民生活需求，积累资金支援社会主义建设，出口创汇购买国外先进技术和设备做出了巨大贡献，被形象地称为'摇钱树'。"然而不可否认的是，很长一段时间纺织工业被认为是"夕阳产业""过剩产业"，在国际金融危机和国内金融企业的双重压力下，纺织企业国际市场萎缩，资金链断裂，生产经营异常困难，曾经的"摇钱树"却成了"苦菜花"。

20 世纪 90 年代初，上海纺织业进入严重瓶颈期，机器、技术已经无法适应时代需求，成为陈旧、落后的象征，资本投入无法收回。亏损—追加投资—再亏损，是当时难以克服的恶性循环。上海纺织业辉煌一时，占用了上海市区大量地皮，彼时单位地皮带来的价值很小，纺织业生产带来的河流污染却十分严重，这些都与上海国际化大都市的城市定位不相匹配了。

当时上海市政府对纺织业提出了"关、停、并、转"政策。1992年，时任上海市委书记吴邦国多次过问纺织压锭问题。他专门到市纺织工业局调研，指出要"壮士断臂"，要动真格。

对纺织业的压缩实际上是从 1992 年开始的。上海第二织带厂成为全市第一家国企破产试点。

上海第二织带厂 20 世纪 70 年代由星火织带厂、燎原织带厂合并组成。该厂曾经是上海纺织行业的标杆，纺织中小型企业里的纳税大户，被誉为"线带行业的一棵'摇钱树'"。

步入市场经济以来，大量乡镇企业建立，争夺纺织品市场。上海第二织带厂由于缺乏资金改造设备，产品一直处于中低端水平，连续4 年亏损 251.6 万元，如果继续强行运营，则会造成国有资产的大量流失。于是，上海市纺织工业局经过谨慎研究，决定让该厂率先进行破产试点。1994 年，上海第二织带厂厂长李国珍以法人代表的身份向法院提交了破产申请，使该厂成为中华人民共和国《企业破产法（试行）》实施七年以来，上海第一家实施破产的企业。

时间回到 1993 年夏的一天，上海第二织带厂的 100 多名职工聚集在厂部办公楼前，他们的心情急躁似火。大中小学开学在即，他们需要支付子女的学杂费用，迫切希望与厂领导对话，解决下岗职工待遇问题，恢复正常生产。上海第二织带厂的上级主管部门上海线带公司党政领导连夜召开紧急会议。上海线带公司成立破产企业试点工作小组，进驻上海第二织带厂。工作组先后召开由退休干部、党员、团员、班组长等不同人员参加的座谈会，广泛征询意见。

曾经的国营大厂，竟不得不面临破产倒闭的境地，这让很多老职工难以接受。上海第二织带厂领导分头做工作，稳定员工情绪，针对个别特困职工，工作小组给予帮助和安抚，职工与工厂之间的矛盾有所缓解。

最终该厂以1000万元的价格整体拍卖给上海天成投资实业公司和上海宽紧带厂，并制定了受偿率为58.62%的破产财产分配方案。上海第二织带厂依据上海市纺织工业局的有关精神，为厂职工的工作和日后的生活保障进行妥善安排。

一方面做好职工的安置工作，按职工的企业工龄预先支付补偿费。让40岁以上女职工和50岁以上男职工提前退休领取养老金；其余职工全部归到户籍所在地区待业，享受待业补助。

另一方面将该厂的实际状况、困难和原因向全厂职工和盘托出，鼓励职工自谋职业。上海市经委、纺织工业局和长宁区等机关、部门专门为大龄职工开辟就业渠道，积极联系劳务市场，组织交流会，这样前后有70余人得到新用人单位的聘用。该厂还积极联络市劳动局、劳动服务公司，落实职工待业资助。

通过一系列措施，上海第二织带厂在破产过程中，有效地保护了全厂职工的基本利益和企业的财产安全。更重要的是，在破产试点过程中，该厂碰到许多国家政策性的难点，在市政府和各级机关、部门的协调和支持下，这些问题得到了充分解决，促进了市场经济的发展。

上海的产业调整，对纺织企业采取"关、停、并、转"的措施，走在了时代前列，总体想得比较周到，整体的落实与处理做得比较好。

以"科技与时尚"战略实现涅槃重生

上海纺织业的阵痛带来了纺织业别样的崛起。上海纺织业转型后，上海周边产棉区的纺织业开始兴隆，纺织业走向民营化，上海则担负起研发、设计和培养人才的重任，开始注重科技与时尚。

上海纺织控股（集团）公司于 1995 年 5 月由上海市纺织工业局、上海市纺织国有资产经营管理公司改制组建而成。公司工贸结合，保留了较为完整的产业链，同时拥有全国纺织业最具实力的科技研发系统，以及 400 余万平方米的房地产资源，实力雄厚的外销市场资源，"三枪""飞马""海螺""民光"等一批著名纺织品牌资源，等等。

自 20 世纪 80 年代后期至 2004 年，上海纺织控股（集团）公司历经改革调整，结构有所改善，规模也大为缩减。2005 年至 2011 年，是上海纺织控股（集团）公司战略转型的重要阶段。7 年间，在中共上海市委、市政府和有关委办的领导下，该公司党政领导班子擎起"科技与时尚"两面大旗，开始了以调结构、促转变、求发展为主要特征的战略转型。

2004 年 5 月 9 日，中共上海市委批准上海纺织控股（集团）公司领导班子改组，时任上海国资委副主任的肖贵玉调任纺织控股（集团）公司董事长、党委书记，席时平担任总裁。10 月 15 日，正式推出《上海纺织控股（集团）公司调整、改革、发展总体方案》，全面启动战略转型工作，以提高科技含量、增加时尚元素为战略，促进上海纺织产业向高端纺织转型。

在《上海纺织控股（集团）公司调整、改革、发展总体方案》中，"科技"被定位于"支撑体系"，"整合科研资源，完善科技创新体系"位居"四大支撑"之首。当时世界纺织技术的发展趋势是纺织机械机电一体化、过程应用计算机化、纺织技术复合化、印染后整理技术功能化、纺织产品高性能化、学科领域边缘交互化等。反观国内，纺织工业大而不强，其产品虽占了世界市场很大份额，但以中低档为主。因此走"科技兴纺"道路，中国纺织工业才能真正立足于世界之林。

2005 年，上海纺织控股（集团）公司发文，将上海市纺织工业技术监督所、上海市服装研究所、上海市毛麻纺织科学技术研究所、上海市印染技术研究所、上海市色织科学技术研究所 5 家单位划归上海市纺织科学研究院，连同先前整体迁入的合纤所，上海市纺织科学研究院集聚了全市六大纺织科研机构。

2007 年，上海纺织控股（集团）公司又决定利用上海市纺织科学研究院院内办公楼、绿地等布局调整的契机，新建一幢 20 层的纺织科研综合大楼。大楼总投资 9785 万元，总建筑面积 27165 平方米，总高度 77.9 米。纺织科研综合大楼的建成，改变了原先松散型的科研布局，逐步形成了从信息采集到成果转化的完整科研系统，对于提升上海市纺织科学研究院整体形象、整合各项科研资源和发展上海纺织科技工业园，影响深远。

　　依托上海市纺织科学研究院等科技创新平台，高端产品源源不断地被开发出来。具有代表性的有葆莱绒纤维，该产品具有轻似丝、柔似棉、保暖似羽绒的良好性能，在"民光"牌冬被、空调被，"三枪"牌保暖内衣，"海螺"牌衬衫中被广泛使用，销量极佳。还有里奥竹，全称溶剂法高湿模量竹纤维。该产品保持了竹纤维原有的柔滑轻软、凉爽舒适、抑菌抗菌、绿色环保、天然保健等特点，同时克服了原竹纤维生产工艺过程较长、对环境污染严重以及成品中含有硫残留等问题。

　　"时尚"素来是上海城市交响曲中动人的弦音。时尚离不开纺织。作为老牌纺织企业，上海纺织控股（集团）公司在转变经营方式和促进城市时尚韵味提升方面贡献显著。

M50 创意园区

首先要提的是 M50——莫干山路 50 号。它是上海最具规模和质量的当代艺术社区，连续多年获得"上海十大优秀创意产业园区"等称号，还荣登美国《时代周刊》的封面。M50 在上海春明粗纺厂基础上改建而成，一经建成，便受到国内外业界人士的关注，很多名流相继慕名而来。美国《时代周刊》惊叹 M50 是"上海苏荷"，并将其与东方明珠、上海博物馆、新天地等一起，列为上海新地标。

为与世界时尚产业接轨，上海纺织控股（集团）公司确定了纺织时尚产业的总体战略目标，即整合和充分运用业内拥有的时尚资源，利用上海打造世界时尚之都的契机，对接现代服务业，大力培育发展都市时尚产业，促使产业转型和品牌经营。通过运作上海国际服装文化节和时装周、纺织会展、时尚媒体等，推动民族品牌走向国际。通过打造、推出时尚新品牌，引领上海时尚产业的发展。

每年春暖花开时节，上海国际服装文化节是这座城市一道靓丽的风景线。据统计，每年举办服装文化节期间，上海全市穿着类商品销售同比增长均超过 10%，特别是"五一"黄金周，服饰类商品销售增幅在各类商品中名列前茅。同时，上海纺织控股（集团）公司积极向国际时尚界传播中华服饰文化精粹，第一时间引进国际最新时尚资讯，引入国际设计大师，培育本土设计师，使上海时装周继巴黎、米兰、伦敦、纽约、东京之后，迅速跻身于国际时装周之列。目前，90% 以上的著名国际品牌已入驻上海，使上海与国际时尚实现零距离。

上海国际服装文化节、上海时装周如两颗明珠，为这个城市的时尚产业增光添彩，也为上海纺织控股（集团）公司顺利转型振臂助威。

长三角一体化与纺织业的机遇

2019 年 12 月，中共中央、国务院印发了《长江三角洲区域一体化发展规划纲要》(以下简称《纲要》)。《纲要》强调，推动长三角一体化发展，增强长三角地区创新能力和竞争能力，提高经济集聚度、区域连接性和政策协同效率，对引领全国高质量发展、建设现代化经济体系意义重大。

长三角地区是我国经济发展最活跃、开放程度最高、创新能力最强的区域之一，在国家现代化建设大局和全方位开放格局中具有举足轻重的战略地位。长江三角洲区域一体化发展上升为国家战略，同"一带一路"建设、京津冀协同发展、长江经济带发展、粤港澳大湾区建设相互配合，完善中国改革开放空间布局。

长三角地区也是我国重要的纺织品制造基地和出口基地。长三角区域纺织产业发展现况如何？长三角一体化战略下纺织产业集群发展面临哪些困境？《纲要》的发布为长三角区域纺织产业发展提供了哪些机遇？

就行业发展现状而言，在长三角众多产业中，纺织业属于传统优势、重要民生产业，也是地区的主导产业之一。长三角地区集中了全国四成的纺织企业。该地区一百多家国家级开发区中，较多的开发区以纺织产业作为主导；320家省级开发区中，以纺织业作为主导产业的开发区为50家。据2018年沪、苏、浙、皖纺织工业产量数据显示，印染布、绢纺丝、化学纤维、醋酸纤维长丝、合成纤维涤纶等6个品类占全国比例70%以上；色织布、绒线（毛线）、毛机织物、蚕丝及交织物（含蚕丝≥50%）、亚麻布、衬衫、西服套装、黏胶短纤维、帘子布、氨纶等21个品类产量占全国产量例超40%。2019年中国纺织工业联合会发布确认的全国纺织产业集群试点资料显示，苏、浙、皖三省试点地区合计197个，占全国试点总数的42%。其中江苏吴江、江阴、常熟，浙江萧山、柯桥、桐乡等重点纺织服装产业集群的年主营收入过千亿元。

然而，长三角地区纺织产业一体化发展仍面临不少挑战。例如产业同构、分工协作程度不高、一体化机制不完善、市场机制不健全等问题，导致已有的一些合作停留在战略层面，落地不足。再如很多企业无法摆脱代工贴牌的发展模式，企业整体创新能力和纺织品设计原创能力不足，主要处于模仿阶段。另外，同国际上著名的纺织产业聚集区相比，长三角纺织产业市场化程度较低，发展质量不高，品牌效应不明显，附加值较低，在世界市场上影响力有限。

新形势下，长三角地区纺织产业需要抓住机遇，迎难而上。

首先，发挥核心城市引领作用，拓宽业态发展领域。作为世界闻名的时尚之都，上海应发挥自身技术优势，积极拓展纺织业态新领域，带动区域内形成专业化的纺织产业集群，积极发展纺织产业尤其是中高端纺织产业，形成具备国际视野和国际影响力的区域化纺织产业集群。

第二，发挥好骨干企业的原创设计能力。在《纲要》中，走"科创＋产业"道路成为未来长三角经济增长的新动能，物联网、人工智能、工业互联网、5G、智能制造等关键词成为值得重点关注的对象。应鼓励上海周边纺织企业创新，整体提升纺织产品的创新科技含量，拉长纺织业上下游产业链，培养更多的科技创新型纺织企业。

第三，大力建设公共服务平台体系。政府应为企业搭建好公共服务平台，将各地科研资源、生产资源及市场资源进行整合，形成生产、研发、销售的全产业链，实现资源的优势互补，降低生产成本，提高企业的竞争力。

劳动模范与纺织精神传承

黄宝妹："七一勋章"获得者

裔式娟：劳模精神永不褪色

杨富珍：创造了 89 个月无次布的行业神话

应忠发：技术发明贡献突出

自黄道婆创新纺织技术以来，纺织行业见证了中国科学技术的变迁过程。新中国成立后，纺织产业也产生了一批批劳动模范群体。他们爱岗敬业、锐意创新、勇于担当、无私奉献，生动诠释了中国人民具有的伟大创造精神、伟大奋斗精神、伟大团结精神、伟大梦想精神，充分彰显了以爱国主义为核心的民族精神和以改革创新为核心的时代精神。

黄宝妹：“七一勋章”获得者

　　在庆祝中国共产党成立 100 周年之际，被授予党内最高荣誉“七一勋章”的 29 名杰出共产党员中，有这样一名新中国纺织工人的优秀代表，国家发展的见证者、参与者、奉献者。她为实现“全国人民穿好衣”的梦想，勤勤恳恳干了一辈子，在平凡的岗位上干出了不平凡的业绩。她就是——黄宝妹。

　　黄宝妹，1931 年出生。1944 年，年仅 13 岁的她，因家境贫寒进了日商裕丰纱厂（后改为上海国棉第十七厂）做童工，每天工作长达

青年黄宝妹

全国劳模黄宝妹

黄宝妹

12 小时，受尽近乎苛责的规章制度压迫。1945 年抗日战争进入反攻阶段。日商对生产军用布匹心不在焉。过完端午，她就离开了裕丰纱厂，回到家帮助母亲下地干活，卖甜芦粟，补贴家用。她将艰苦和勤劳深深地印在自己的脑中，这也成为她身上最重要的特质。

抗战胜利后，中国纺织建设公司宣告成立，裕丰纱厂被中纺公司接管，改名为中纺十七厂。但当时中纺十七厂仅部分开工，黄宝妹只好暂时去申新九厂上班。她虚心好学，得知申新九厂不少挡车工人能一个人看管 400 锭子，便拿出面纱线头，与他们交流技术，取长补短。

因申新九厂离家较远，在此上班非长久之计，她辞职重新进入中纺十七厂细纱车间。又逢国民政府特派员进驻各纱厂，利用职权大肆掠夺，工厂生产陷入瘫痪，以致黄宝妹入不敷出，家中生活难以为继。为节省成本，黄宝妹一家从浦东搬到浦西棚户区，从此在浦西扎根。

1951 年，国家纺织工业部要求全国推广郝建秀细纱工作法。华东纺织工业局决定先派技术能手学习，然后以点带面推广普及。表现优异的黄宝妹顺理成章被选中。她认真学习"郝建秀工作法"，创造了看台多、打结头快、白花少、质量好的优异成绩。1953 年，她被评为新中国第一代全国纺织工业劳动模范。其间，她还如愿成为一名光荣的共产党员。

这年，黄宝妹作为 18 名劳模之一，去天津参加全国纺织工业劳模大会，这是她人生中的一个重大转折。几天的路程中，黄宝妹不知疲倦，心中满是自豪和幸福。她将会议精神牢牢记在心间，回厂后马上付诸行动。在执行"郝建秀工作法"过程中，她不墨守成规，而是勇于摸索，灵活应用。在技术革新中，她创造了"单面巡回、双面照顾"工作法，又冲破了细纱挡车工只挡车不修车的历史常规，创造了"逐锭检修机器"工作法。

她两次被评为全国劳模，两次被评为全国社会主义建设青年积极分子，连续五次被评为上海市劳模，还被评为上海市"三八"红旗手。她还是中共"八大"代表、上海市党代会代表、上海市人大代表、杨浦区人大代表。她先后赴奥地利参加世界青年联欢节，赴捷克斯洛伐克首都布拉格参加世界青年联盟扩大会议。她多次受到党和国家领导人的接见。黄宝妹成为国棉十七厂的公众人物，频繁登上《人民日报》等各种报纸杂志。1958 年，著名导演谢晋根据其事迹拍摄了同名电影。影片由她真人演绎，不仅留下她的青春岁月，也记载了人们对那个时代的深厚情感。

1960 年，在上级党委的建议下，黄宝妹来到华东纺织工学院（现东华大学）脱产读书。她深知学习和生产一样，光靠苦干不行，还要巧干。三年寒窗苦读，她于 1963 年毕业回厂，从一名细纱女工变成了技术员，后又被提升为工程师。

20 世纪 70 年代，黄宝妹积极从事生产，多次被评为上海市纺织工业局先进生产者，并升任国棉十七厂工会副主席。1986 年，黄宝妹到了退休年纪，但因工作出色又获诸多单位邀请。多方考虑下，她依然留在国棉十七厂的咨询办公室。后因经济发展需要，调任江苏启东

电影《黄宝妹》剧照

聚南棉纺厂副厂长。那时，正值乡镇企业遍地开花之际，棉纺原料和机器设备异常紧俏。黄宝妹利用自己多年的工作经验和社会关系，先后到北京、太原、青岛等地为企业奔走，使聚南厂提前一年多投产。

上海市总工会退管会、上海市劳模协会少不了她的身影。1991年，上海市总工会对全市获得过省（市）部级以上劳模称号的离退休劳模进行抽样调查，发现一些退休早的劳模因经济情况不好、家庭负担重而产生失落感。了解到这样的情况后，黄宝妹在上海市劳模协会帮助下成立上海英豪科技实业有限公司，担任总经理，20余位著名劳动模范踊跃参股。英豪公司为劳模服务，将盈利部分用于帮助困难劳模，深受工人群体爱戴，被称作"劳模公司"。多年来，公司定期、不定期地资助几十位有困难的老劳模，受总工会委托还投资创办了"劳模

老年黄宝妹

七一勋章

之家"。

2006 年,黄宝妹彻底退休。但她依然紧跟党走,心系群众,常在上海各个社区给青年、党员和干部上党课。

2019 年 11 月 2 日,黄宝妹受到习近平总书记接见。总书记评价她是国家发展的"见证者""参与者""奉献者"。如今的黄宝妹已是耄耋之年,却依然不忘初心,时刻想着为国家发展再尽一份力。

2021 年 6 月 29 日,庆祝中国共产党成立 100 周年之际,在北京人民大会堂,黄宝妹又获得习近平总书记颁授的"七一勋章",这是上海的光荣,也是上海纺织工人的光荣。

裔式娟：劳模精神永不褪色

裔式娟，1929 年 9 月出生于江苏盐城的一个贫穷农民家庭。11岁时父亲去世，家乡面临日本侵略者的扫荡，她被迫逃难至上海做挡车工。1947 年，进入中国纺织建设公司第二棉纺厂做养成工。上海解放后，共产党领导的工作组进驻工厂，进行企业改革。裔式娟进入工厂夜校学习，她白天工作，晚上学习，把爱党、爱国的激情倾注在学习和工作中。

1951 年，全国棉纺织厂推行"郝建秀工作法"。在厂党委的指导

青年裔式娟

下，裔式娟所在的细纱车间乙班第三小组，成为重点推广对象。她认真学习工作方法和推广组的示范，自己再去上车实习。她的身上有使不完的劲。1952 年，因表现突出，她加入中国共产党，并任上海第二棉纺厂裔式娟小组组长，带领小组钻研技术，组织学习"郝建秀工作法"。

1953 年，华东纺织管理局为保证超额完成国家生产计划，组织各厂开展节约竞赛。她在劳模座谈会上积极响应号召，并表示："增产节约是国家大事，关系到我国过渡到社会主义的速度问题，一定要做好充分准备，迎接竞赛。"然而，光有干劲是不行的。她认识到，必须进行技术革新，来提高操作水平和生产效率。她积极组织小组开会讨论工作方法，细心研究影响产量的原因。在不断的实践过程中，裔式娟小组创造了"高速生产操作法"，她也被评为全国纺织工业劳动模范。

1956 年，她参加全国先进生产者代表大会。作为全国先进生产者代表，被选入主席团，受到毛主席接见。她时刻鞭策自己努力生产，为新中国的建设添砖加瓦。1953 年 1 月至 1959 年 8 月，裔式娟小组一直保持"全国纺织业模范小组"的荣誉，两次获得全国先进集体称号。6 年多时间，裔式娟小组有 78 个月超额完成生产计划。

1958 年 8 月，裔式娟小组破除细纱车速不能再加快的定式，将 21 支纬纱的车速从 280 转加快到 400 转，千锭时产量从 30 多公斤提高到 45 公斤以上。次年 9 月，裔式娟小组的 21 支纬纱车速已经达到 400 转，单产 54 公斤，产品质量 100% 合格，位列全国先进水平。

在当时的纺织业界，裔式娟小组被誉为永不褪色的"红色熔炉"。1952 年，该小组技术好的工人只有三四个。三年后，通过劳动竞赛的磨炼和浓厚的思想政治工作氛围，全组都能达到"纺织能手"的水平，产品的数量与质量均达到全国先进水平。全组 43 名工人，有行业劳动模范 1 人，市先进生产者 4 人，9 人受到各级单位嘉奖，12 人成为共青团员，7 人光荣地加入了中国共产党。

裔式娟小组所取得的成就与裔式娟以身作则、带头奋斗的精神密不可分。裔式娟是第一至六届全国人民代表大会代表，第五届人大常务委员会委员。她连续 8 年全面超额完成生产计划，连续 7 年被评为上海市劳动模范，两次被评为全国劳动模范和全国先进生产者。1958年，她被评为全国"三八"红旗手，当选为团中央候补委员。1959 年，出席全国群英会。

裔式娟一直认为，是党的教育和培养改变了她的人生。即便是去北京开会，她也不忘带着夜校的作业。经过 10 年的苦读，裔式娟完成了业余大学的全部课程，彻底摘掉了"文盲"的帽子，成为工人中的典范。

1977 年，裔式娟调入上海市总工会工作，任上海市总工会副主席。1989 年，已到退休年龄的裔式娟离开自己坚守几十年的岗位，来到市总工会退管会，从事关心退休劳模的工作。

奋斗进取、不忘初心、紧跟党走是裔式娟一路走来的写照，更是上海纺织精神的写照。她把自己的青春和事业都奉献给了新中国的纺织事业和经济建设。这样的模范值得我们学习和铭记。

杨富珍：创造了 89 个月无次布的行业神话

　　1932 年，上海南汇县一户贫寒人家生出了一个女孩。很小的时候，她的爸妈就因血吸虫病去世。为了活命，她挑羊草、烧猪食，受尽了地主的苛责与剥削。14 年后，女孩的姑妈辗转托人，让她进了中纺一厂（上海国棉一厂）做童工。这个人就是杨富珍。

　　上海解放前的纺织工厂，工人们不仅没有自由，还动辄被责骂殴打。一整年下来，工人们有半年见不到太阳。杨富珍家境贫寒，只

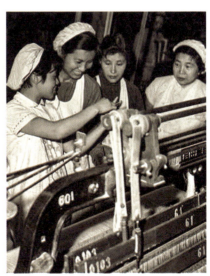

杨富珍（左二）虚
心向青年工人学习
先进操作技术

能吃一些土谷米、六谷粉，即便馊了，也得照常吃。日复一日的劳累，使她营养不良，头发也几乎掉光，更因上海阴冷的雨天，沾染伤寒症，只能吃咸菜粥来保命。她强撑着病弱的身体去上班，却被拎着棍棒的工头殴打，幸亏工友求情，她才侥幸活了下来。艰苦辛酸的童年，使她对旧社会充满仇恨。1948 年 11 月，在党组织的指引下，她找到了曙光和希望，意识到只有中国共产党才是工人们的救星，并加入其中，成为一名光荣的共产党员。

上海解放后，杨富珍和千千万万纺织工人一样，全身心地投入新中国建设中。为确保织出高质量布匹，她一直思索如何将棉纱结头打得小、快、牢，为此她每天在家练习"打结头"的基本功。日复一日，年复一年，她见缝插针，利用乘车、开会等间隙努力练习，终于练就一手绝活。起初，杨富珍每分钟能打 34 个结头，一年后增加到40 个。短短两年，她就比别人多练了 10 万余个结头。

1951 年 4 月，在厂党组织和车间领导的关心与支持下，她带领南织布机乙班一组开展"心贴布、布贴心，织布为革命"的社会主义劳动竞赛，首创"六个巧干、六个仔细"的高产优质操作法，个人看台数发展到 20 多台，取得了很好的效果，促进了产品质量的提高。这个操作方法很快在全厂推广，她也因此被评为全国青年社会主义建设积极分子、全国劳动模范。从此，杨富珍和她所在的小组名誉全国。从 1953 年起，小组连续 43 年保持模范集体称号，被上海市人民政府命名为"杨富珍小组"。

杨富珍赴北京参加全国青年社会主义建设积极分子大会，受到了毛主席和周总理的接见。周总理对她说:"今后全国人民的穿衣问题就靠你们了。"在周总理的鼓励下,她全身心地扑在织布生产上。为了保证产品质量,减少次品产生率,她发明了"红花标识法",即用红布制作一朵红花,插在布面上,凭借红花识别移动中的布面,保证每一寸布面的质量。此后,杨富珍创造了89个月无次布的行业神话。1956年,她代表上海纺织工人出席在西安举行的经验交流大会,在表演操作法时获得好评。1954年至1964年,杨富珍连续7次被评为上海市劳动模范和先进生产者。1956、1959年,她被评为全国劳动模范和先进工作者。

1968年起,杨富珍调任普陀区领导岗位。她深入社区了解民情,做社会调查,撰写《关于一支业余工宣队的调查报告》。上海《文汇报》《解放日报》将调查报告全文发表,并配发社论。1970年7月,该报告被选入《上海调查报告选》。

1970年至1979年,杨富珍任上海市革委会副主任、中共上海市委常委。曾当选中共第九届中央委员,第十、十一届候补中央委员。1983年10月,杨富珍调任上海市人大常务委员会委员、城建环保委员会委员。她深入基层,走访市政建设工人和环卫工人,反映他们的愿望。

杨富珍恪尽职守,以维护人民的利益为天职。她曾说:"不为群众讲真话,就是愧对党、愧对人民、愧对祖国。"退休后,她仍心系国家,关注青少年的培养工作,参加了上海百老德育讲师团,拓展青少年的教育基地。她走学校、访社区,讲述自己童年的故事和上海解

杨富珍向纺织
女工姐妹传授
经验

杨富珍在工作
岗位上

老年杨富珍

放后人民的幸福生活，激发青少年奋发向上，树立远大理想。

　　杨富珍心系纺织、心贴人民。在工厂时，她努力生产，革新技术。作为一名党员，起到了模范带头作用。在政府工作时，她心贴群众，为民办实事，与人民群众紧密联系，成为上海纺织精神的代表。杨富珍是中国千千万万劳模的缩影，是新时代青年学习的榜样。

应忠发：技术发明贡献突出

应忠发（1924—1994），浙江省鄞县（今浙江省宁波市鄞州区）人。几十年来，全力投入新中国纺织工业的建设，在革新纺机技术方面做出了重大贡献，是全国先进生产者。

他出身于贫苦的工人家庭。父亲50多岁撒手人寰，年幼的应忠发不得不在12岁时就进入机器厂当学徒。那时，学徒从早上4点开始工作到晚上12点，稍有困意，便要受工厂老板或者师傅的殴打。年幼的应忠发，身上布满疤痕。据他回忆，有次睡在车床上，翻身掉落，左脚戳在了车床的顶针头上，血流不止，因没钱医治，足足烂了三年。经过艰苦学习，三年学徒时光结束，他成为一名优秀的工人。1942年，进入浦东造船厂，后转入浦东英联船厂当钳工。1946年，来到中纺二机厂工作。他与上海纺织的缘分，由此开始。

上海解放后，中纺二机厂改名为上海第二纺织机械厂。他因技术过硬。在二纺机厂第一次技术评级时，就被评定为最高级别的八级钳工。20世纪50年代，他长期致力于革新纺机技术，先后实现了半自动冲模、叶子板卷边自动打出装置、皮圈架前后支脚等数十项重大技术革新，使繁重的手工劳动逐步成为半自动化操作。

1951年1月，齐齐哈尔第十五机械厂"马恒昌小组"向全国工人阶级发出开展爱国主义劳动竞赛的倡议，上海第二纺织机械厂陆阿狗联合 20 名工人积极响应号召，组成上海最早的应战小组——陆阿狗小组。应忠发就是陆阿狗小组的成员。该小组提出合理化建议 15 条，改进工具 11 种，生产效率提高 4 倍，1951 年全年的生产任务在 8 月 23 日提前全部完成。

1953 年，陆阿狗升任副厂长，应忠发因技术过硬，为人厚道，被选为陆阿狗先进小组组长。他感到既光荣又十分焦虑，常常思考应如何保持这个先进小组的光荣称号。彼时，厂里正在开展增产节约运动，生产任务比上一季度增加三成，但工人们对改进生产的办法并不多，为此只能加班供货，有些工人因疲劳过度而生病。应忠发看在眼里，也下定了改进生产方式的决心。他通过大量试验、反复测算、研究和画图，发明了叶子板卷边自动打出装置，极大地提高了纺织品生产的效率。这一年，他共提出 5 条建议，并改进成功，被评为厂先进生产者，被评为 1953 年市级工业劳动模范，并加入了中国共产党。

身为党员，应忠发处处以身作则，遇到困难勇于承担，有了成绩则归功于全体组员。他于 1956 年被评为工人工程师；1956、1959 年被授予全国先进生产者称号；1959 年 8 月，参加上海市各阶层人士访问东欧代表团，前往匈牙利、罗马尼亚、保加利亚、苏联等国考察，回国后出席全国先进生产者代表会议，并应邀参加国庆 10 周年观礼。小组也分别于 1953、1956、1959 年被评为全国纺织工业系统和全国工交系统先进集体。

应忠发任组长期间，尽心尽责搞好班组建设，带领小组多次被评为全国纺织工业和工交系统先进集体，全体人员共完成技术革新 1000 多项，并先后向全国输送技术人才百余名。20 世纪 60 年代初，纺织工业部组织科学研究和机械制造力量，进行有关化学纤维工业的资源考察、技术研究和设备试制。应忠发积极响应，带领全组职工攻克不锈钢炉栅等技术难关，又成功研制中国第一只锭子吸振卷簧，解决分离式锭子结构的关键问题。这一时期，小组名字也从"陆阿狗小组"改为"应忠发小组"。

1966 年 9 月，他调任上海纺织机械专件厂副厂长。时值三线建设工厂内迁时期，该厂三分之二的设备和职工支援内地建设，生产上遇到很大困难。应忠发上任后，坚决落实以自力更生为主、求助外援为辅的建厂方针，积极组织恢复生产。他发动群众自制设备，组建工具车间和动力车间，在较短的时间内又使工厂形成了完整的生产规模，产量翻了两倍。

他处处将国家利益放在首位，为纺织工业发展做出巨大贡献。1970 年，纺织机械生产需要大量轴承配套，在一无设备、二无经验的情况下，他接受纺织工业部安排，组建轴承车间，自制设备 60 多台，7 年内为国家生产 123 万多套轴承。1972 年，国家需要发展化纤工业，而大型化纤锭子在国内尚属空白。他勇于接受任务，深入车间和班组进行调研，组织工厂职工研究攻关，成功试制大型化纤锭子。

1978 年，应忠发升任上海纺织机械专件厂厂长、厂党委委员。1980 年 4 月，参加由国家纺织工业部组织的赴联邦德国考察团，考察纺织机械工业。回国后，继续从事纺织技术革新，完成了毛腈毛锭

应忠发

范一辛创作的展现
应忠发技术创新能
手形象的漫画

他從冲下來的碎屑裏發現一慺新東西。　　范一辛　畫

子钻杆生产线、罗拉高频淬火、罗拉沟槽冷轧成型等重大技术改造项目，使该厂工艺技术水平有显著的提高。

应忠发是社会主义工人的楷模，他的事迹充分说明了工人阶级的先进性、组织纪律性。跟党走，听从国家号召，是他在工作中持之以恒的信念。他始终站在纺织机械领域第一线，努力提高生产效率，革新纺织设备，1953年至1965年连续13年和1978、1980年两次被评为上海市劳动模范，曾当选上海市第一届至第五届人大代表，第五届和第六届全国人民代表大会代表，中华全国总工会第八届、第九届候补执行委员。先后8次受到毛泽东主席接见，10次受到周恩来总理接见。

上海纺织工人：挑重担、做贡献

上海纺织工人曾经站在时代前列，反对帝国主义和封建专制。新中国成立后，上海纺织工人赤诚地爱党爱国，他们忘我地工作，全心全意为建设社会主义做贡献，涌现了许多劳动模范。改革开放以后，纺织工人集体下岗，为产业转型让路，为今后社会发展做到了"壮士断臂"、自我牺牲。无数事实证明，上海纺织工人是一个顾大局、识大体的先进群体，无论什么时候，他们都经得起历史的考验。

从"铁饭碗"到下岗工人

现今保留的上海纺织建筑既凝聚了一代人的美好记忆，却也在向后人诉说着悲怆凄凉。目及园区间残留的厂房，还能使人回忆起纺织工人从"铁饭碗"到"下岗潮"的时移世易。

上海纺织业曾经历辉煌时代。自洋务运动期间建立中国第一家现代纺织工厂开始，上海纺织工业一路高歌猛进，始终是城市的支柱产业。

上海第九纺织厂是当时上海纺织业中历史悠久、名声最响亮的一个。它始建于 1878 年，是上海第一家配有机械织布机的纺织工厂。20 世纪 80 年代，上纺九厂每年上缴国家税利可以再造一个九厂，下线有周围几百个小的织布、印染厂。90 年代初，厂里有 7500 名纺织工人，8000 名退休工人。

纺织工人对自身职业具有很高的身份认同。宋琴芳是上海纺织博物馆党支部书记、原上海纺织九厂厂长。她不无骄傲地说："我进厂的时候，厂里有近 10 万纱锭、2 万多线锭、1000 多台布机、5200 头的气流纺纱机。我们厂的工人都很自豪自己是九厂的工人。"上海服饰意味着时髦、高质量。一件衣服挂起来，有讲究的人一眼就能指出：这是上海货。外地人来上海，总是要买几件衣服带回去，"凤凰"

牌旗袍、"海螺"牌衬衫……不胜枚举。

但到了 20 世纪 90 年代，纺织业的光环开始慢慢被摘下了。工厂关闭比工厂运行时的工作量要大数倍。1996 年，上海纺织九厂停止生产，一直到 2005 年 12 月正式宣告破产，整整花了十年时间。工厂的废旧物资更是直到 2006 年才全部清理完。

"工厂关停后，有大量的纺织存货，还有清理资产——从固定资产机械设备到工厂食堂的锅碗瓢盆，这些物资能变现的我们都变现掉。工厂那么大，清理工作量很大。做了厂长才知道，那是真没办法。厂一关，各条线方方面面都来讨债了，而我们自己也有专门的两个人出去讨债。"宋琴芳回忆说。

黄浦江边破败的纺织厂房

一个巨人缓慢倒下，带来的震动是巨大的。20世纪80年代，上海有大量从事纺织行业的人群。其中尤以闸北区、闵行区为典型，那里几乎三分之一的人都在纺织业工作。一辈子从事纺织业的他们，倏忽间"被迫"纳入市场经济，随之而来的，是上有老下有小的家庭压力，是缺乏纺织之外技能的生存压力，是满怀失落情绪的心理压力。他们恐惧、迷茫、不知所措，成了被时代亲吻又被时代抛弃的一代人。

宋琴芳于1979年进入上海纺织九厂，从一名普通工人到组长，一步步做到厂长，见证了工厂的大起大落。在工厂困难的时候，她有很多机会可以离开，和其他人一样转岗、转业、转行，但她没有。她说："我是真的舍不得啊！后来，我在领导岗位上了，想离开也离不开了。有太多的事情要做，我要为大家、为工厂尽可能再做多一些，再多一些。"工厂破产后，她很长一段时间不愿意回顾过去。有一段时间，她一概不接受记者关于90年代的采访，因为那时对于她来说只有四个字——"不堪回首"。据宋琴芳回忆，工厂关停后，有名工人仍然每天去工厂报到，搬个小凳子坐在厂门口。就这样日复一日、年复一年，直到最后机器、厂房被拆掉。

宋琴芳感慨万千："当时纺织工人真是很可怜的，他们刚上完夜班，就全部坐在弄堂由值班长组织开会，会开完就去更衣室收拾，下岗。值班长自己也下岗，却还要去安抚劝导工人。他们都是人到中年，上有老下有小，文化水平偏低。最好的青春年华都在计划经济下度过，年纪大了却要去社会闯荡。"

一时间，上海出现高达100万的下岗职工。其中纺织工人有55

下岗工人艰难求职

万，占全部下岗职工一半左右，给这座城市带来了巨大的压力。那些下岗的纺织工人如何再就业，成了当时政府、工厂和职工自己广泛关注的事情。下岗工人开始走上自谋职业的艰难道路。

他们在转岗过程中遇到不少问题，比如纺织工厂出来的女工因为常年在机器旁，说话都很大声，这种习惯无法满足一些岗位需求；有些工人被推荐做公交售票员，按报站按钮以为是操作电脑，觉得无法胜任；还有些工人被推荐做保洁，因为工作不细致被开除；等等。总结来讲，主要是改变习惯和观念问题。

但也有一些不错的转岗，比如下面要讲的纺织女工变"空嫂"、带头自筹资金创办纯水厂、成立保洁社等。外面的世界很无奈，外面的世界也很精彩。这些女工的经历，正是20世纪90年代上海约100万下岗工人实现再就业的一个缩影。

吴尔愉：纺织女工变"空嫂"

二十多年前，"空嫂"一词横空出世。吴尔愉可谓是"空嫂"的代言人。她出身在一个纺织世家，祖父母、父母在纺织行业工作，兄长是纺织学校教师。从小耳闻目染，吴尔愉也于1983年进入上海纺织印染机械厂，做技术档案管理工作。在当时看来，从事纺织工作是相当幸福的事情。纺织工人虽然工资不高，但福利待遇很好，日常生

吴尔愉

活皆有保障，生病可在工厂规定的医院划账看病，家里盖的鸭绒被、穿的鸭绒滑雪衫、用的锅碗瓢盆甚至是住的房子，都是厂里发的，职工之间没有攀比性。用一个词形容当时的生活：安逸。

20世纪90年代上海纺织产业大调整，吴尔愉也是数十万下岗纺织员工中的一个。实际上，她不是一线工人，且在科室里是年纪最小的，一时并没有下岗之虞。但"人无远虑，必有近忧"的前瞻性思想告诉她，纺织产业调整不是小打小闹，而是一场牵动全局、凤凰涅槃式的大变革。她预料到："我今年不下岗，说不定明年就会下岗。与其这样，还不如趁年轻，未雨绸缪，早做打算。"

就在这时，上海市纺织工业局局长姜光裕和党委书记朱匡宇召集了一场"回娘家"座谈会，邀请时任上海航空股份有限公司副总经理范鸿喜，商量解决"娘家"下岗职工就业问题。为什么说是"回娘家"呢？范鸿喜原是上海市第一印染厂工人，后任党委书记，离开工厂后就职于上海航空公司。

会上，范鸿喜首先介绍了上海航空公司的基本情况。他表示公司规模较小，仅8架飞机，就业岗位有限，且招聘乘务员年龄限定在18岁至22岁。继而提出自己的想法，即从转变观念上开拓思路，借鉴国外航空公司经验，放宽乘务员年龄、婚育情况等限制。很快，上航同上海市妇联共同协调，得到民航主管部门的支持，决定破例在中国民航业招收"空嫂"。1994年底，上航开始招聘"空嫂"。

上航招聘"空嫂"的消息很快在社会上传开。《新民晚报》动用头版头条，报道了一篇题为《从纺织女工中招收"空嫂"》的新闻。

事件首次见报后，迅速引起巨大轰动。上海大大小小报纸均到上航采访。外地媒体蜂拥而至，甚至中央级的媒体也加入其中，盛况空前。

消息自然也传到了吴尔愉耳朵里。这对当时的吴尔愉而言，可谓是一个难得的机会。早在中学时，她便萌生了当空姐的念头，当时报考的是东航。只是母亲担心这份职业太危险，只好作罢。看到《新民晚报》报道后，她告诉丈夫自己的想法，并得到丈夫的支持。对于当时的吴尔愉而言，从纺织女工到"空嫂"的转变并非易事，最难的是心理关。她告诉丈夫："此次去应聘，必定人才济济，高手如云，我未必能成功……确实是没有一点成功的把握，真有些害怕。"丈夫鼓励她："你只有鼓起勇气去应聘了，才能知道自己的能力，如果确实是不成功，你也就不会后悔了。"

上海航空首批"空嫂"

"空嫂"面试并没有因为"特招"而降低标准，这又是吴尔愉转岗路上的一道难关。除年龄放宽到 36 岁之外，身高、体重、五官、皮肤、身材比例、内脏、视力、抗晕眩能力等，均按照招聘飞行员标准设定。报名人数共计两千余名，吴尔愉一路过关斩将，成了最后被招收的 18 名"空嫂"中的一名。据范鸿喜回忆，吴尔愉笑容自然甜美，是上航将她招进来的主要原因。1995 年的"三八"妇女节，这群勤劳果敢的纺织女工正式进入上航工作。

上航招聘"空嫂"形成强大的带动效应，一时间，汽车销售公司开始招聘"车嫂"，地铁公司开始招聘"铁嫂"，轮船公司开始招聘"水嫂"。"某嫂"成为当时的流行语。尽管此次"特招"的出发点是帮助纺织系统渡过难关，却产生了意料不到的结果：上航在社会上的曝光热度骤增，公司知名度大大提升；推动了再就业工程，也带动了全国其他女性再就业热。

真正适应新的工作岗位，"空嫂"们需要付出超出常人百倍的努力。当时上航与她们签订的第一份合同期限是 5 年，约定 5 年后让她们重回纺织业。当时社会上对纺织女工胜任其他工种不信任，普遍认为她们嗓门大，缺乏知识素养和工作技能。但 18 位"空嫂"花了三年的时间，让上航所有人信服了。第二次上航再与她们签的便是无年限合同。

困难首先来自岗前培训。培训为时半年，要求通过 13 门课程，除熟悉基本的乘务理论、乘务操作、飞机专业知识外，还要学习卫生、礼仪、形体、地理、英语、普通话等课程。最让吴尔愉发怵的是英语，她用两个字形容自己上完第一堂英语课的心情：绝望。吴尔愉暗下决心，"别人走半步可以走完，大不了自己走一步"。

那段时间，她每天早出晚归，4点多起床，乘坐近两个小时的公交车，赶到培训学校上课。她抓住一切时间、一切机会学习英语，随身携带一个小本子，随时记下新学的单词，家中墙上也贴满了单词卡片，以便随看随学。不止吴尔愉，其他"空嫂"也是如此。她们每天拿着书本在上海127路公交车上学习，构成一道靓丽的风景线。

学习中，"空嫂"们感到比较困难的还有军训。她们都是年过30岁并有生育经历的女性，军训过程非常艰苦，每天都是汗流浃背、腰酸背痛。但"空嫂"们对每一个姿势、每一个项目的练习都很认真，获得部队教官的一致表扬。

当时很多转岗的职工都有一种心态，那就是"化悲痛为力量"。纺织女工身上有一种不服输的精神，正如吴尔愉所说的："纺织厂出来的人，只要给她空间，一样是可以做好事情的。"她反复提到，纺织厂工作给她们留下了一辈子受用的品格，叫做吃苦耐劳。那里有严格的组织性、纪律性，通俗点说就是"做好了规矩"。

"空嫂"们通过努力证明了自己，证明了上航不能没有"空嫂"。以前民航业"空嫂"到45岁退休，但公司员工集体给领导发信息：SOS，"空嫂"不能走。为此，上航第一次将乘务员退休年龄改为50岁，民航业也陆续改变了原来的规定。吴尔愉十分自豪："这就与社会上其他行业女性退休年龄相同了。我们改变了社会的就业观，也改变了民航的就业观。"

吴尔愉自然甜美的笑容不仅是她面试成功的法宝，也成为她胜任"空嫂"工作的关键。

吴尔愉的第一次飞行，也是她第一次乘坐飞机，便尝到了"空嫂"的苦头。飞机一起飞，她的身体就开始出现不适。喝了一杯橘子水后，更加想呕吐。这种情况下，她依然面带微笑，用优雅的姿态、标准的步伐走到厨房，吐完后又继续工作。即使没有胃口，她还是强忍着吃了饭，因为"我需要这份工作，我需要成为一个真正合格的上航乘务员"。就这样，吃了吐，吐了吃。

她的良好服务，得到诸多乘客的认可，共收到旅客表扬信几千封，曾十余次被评为"最受旅客欢迎的乘务员"。有一次饭点，她主动帮一对正在吃饭的夫妇照顾孩子。她凭自己的育儿经验，感觉到这个孩子可能缺钙，建议这对夫妇带孩子到儿童医院检查，还给他们画了机场与医院的地图。经检查，孩子的问题得到了证实并解决。这对夫妇特意写了一封表扬信，以表达对吴尔愉的感激。

"乘客就是亲人"，是吴尔愉的工作原则。她坚持认为，只有把旅客当作自己家里的亲人来照顾和服务，把自己当作家庭主妇，注意自己的一言一行，考虑到每一个细节，才能和他们达成思想感情上真正的亲近。有一次，在旅客登机时，客舱里走进一位老人，衣服间隐约露出一条蓝色的腰带。她立刻想起父亲因腰疼，自己曾买过同样的一根腰带，断定这位老人也是同样情况。迎完客后，她赶紧拿着两条毛毯走到老人面前，微笑着说："先生，您是否腰不太好，给您两条毛毯好吗？"边说边帮他把毛毯垫在腰后。老人感激地说："您对伤病宾

吴尔愉给学员上课

对乘客始终保持微笑的吴尔愉

客的服务，真比护士还细心啊！"她甚至还训练自己的嗅觉，留意旅客身上散发出的气味，判断旅客的饮食习惯。

她要求自己尽量记住乘坐自己航班的旅客相貌，以使旅客有宾至如归的感觉。有次旅客登机时，她看到一位两个月前乘坐过自己航班的旅客，主动与他打招呼，并说起两个月前的航班经历，他所穿的衣服颜色、样式。这位旅客感到既惊讶又感动，笑着说："你不仅能当好乘务员，还可以当好一个安全人员。"有人评价吴尔愉是"眼里有活、心里有客"。

此次疫情期间，她坚守岗位，帮忙运输医用物资。2020 年大年初一，她原本可以不飞。但是她觉得自己作为经历过"非典"的乘务员，具备年轻乘务员没有的疫情防控经验，必须迎难而上。"我能为抗疫做什么？"她问自己。除了捐款外，她还帮助海外华侨将捐赠祖国的医用物资带回国内。其中包括捷克华商联合会和捷克上海合作商会的捐赠物资：550 套防护服和 1 万多只医用口罩、360 个呼吸口罩、200 套杜邦防护服、105 支额温枪等。

从 1995 年开始飞行，吴尔愉获奖不断。1996 年，被评为上海市"三八"红旗手；1997 年，被评为十佳职业道德标兵；1998 年 7 月 1 日，加入中国共产党，成为一名优秀的共产党员，同年被评为上海市劳动模范；1999 年，获全国"五一"劳动奖章，同年在上海国际空姐大赛中夺得最佳仪态奖和个人金奖；2000 年，被评为全国劳动模范。

飞行 20 余年，吴尔愉的名字早已跟客舱服务牢牢联系在了一起。

这里有以她名字命名的服务法"吴尔愉服务法"，吴尔愉品牌乘务组，吴尔愉劳模工作室，还有徒弟"小吴尔愉""小小吴尔愉"。她对年轻乘务员说："观念很重要，服务流程可以学，行为可以规范，但是一个人对工作的态度却是一开始就要端正的。"面对纺织系统的领导和同志们，她说："我没有辜负你们对我的期望，我为我们纺织姐妹们争气了。"

蒋莎：自立、自强、自信

　　蒋莎原是上海第四纺织机械厂团支部书记。1994 年，上海纺织产业结构调整，企业资产重组，该厂与上海第一纺织机械厂合并，蒋莎下岗了。下岗后，她逐渐调整心态，带领一批下岗工人创办自力纯水厂，取"自力更生"之意；继而成为一家三星级涉外酒店的副总经理；后又出任上海兴华宾馆总经理。作为一名下岗女工，她走出了一条自强自立之路。

　　蒋莎下岗后，当时父母、妹妹都定居在加拿大多伦多，妹妹在多伦多开有一家公司，正缺人手，劝她到国外去。丈夫是上海港的领航员，家里孩子还小，她本可以在家安心照顾孩子，过安逸的生活。

　　但她不想做一个依靠丈夫生活的家庭主妇，更加不习惯单调、空虚的生活。她感到委屈、痛苦、迷茫。白天，在别人面前装作一副满不在乎的样子；晚上，回到家里冲着丈夫、孩子发火。看到家中衣橱里一套套职业服装，忍不住泪流满面，她心想："我现在什么都不是，只是一个整天无所事事的家庭主妇。"可是另一方面，她的心里又有另一个声音："我才 30 多岁，难道就这样一天天混下去吗？我不甘心，我要追寻我的人生价值，我要重新设计自己的人生。"

　　"知识可以改变命运"，这句话始终萦绕在她的脑海里。她将自己的想法告诉丈夫后，获得丈夫的全力支持。她花 16000 元买了一台电脑和打印机。坐在电脑前面，她重拾了工作的信心。为了学习，她买来很多报纸杂志，每天如饥似渴地学习新知识。

正在这时，厂领导让她组织下岗职工建立纯水厂。

1996 年 8 月 21 日，在组织的帮助下，由 20 多名下岗女工集资 45%、四纺机出资 55% 的股份制合作企业自力食用纯水厂成立了，蒋莎任销售厂长。工厂成立后，蒋莎和姐妹们都高兴得彻夜难眠。

"打江山容易，守江山难"，下岗女工靠自身力量创建纯水厂，充满了艰辛。过去同事有的是描图员，有的是车工，有的是托儿所的阿

纯水设备

姨，没有一个人讲得清水处理的原理。"不懂就学！"蒋莎和姐妹们一面到图书馆查资料，一面请水专家上课。大家边学边干，边干边学，经过努力，纯水终于出水了。

最关键的环节是销售，她们却对怎么做"买卖"一窍不通。当时，厂里每天生产500桶纯水，能卖出的却只有六七桶，三天销不出去，产品就堆积如山，水厂刚成立就面临生存的严峻考验。销售是一门专业，蒋莎和姐妹们又钻进书本中。蒋莎买来许多有关市场销售的书和录像带，供大家一起学习。她还自费听营销学专题课，并请专家来为职工解疑释惑。8月酷热难耐，正是纯水销售旺季。她们在厂门口设立了销售摊，嗓子都喊哑了，半天却没有一位顾客前来消费。"功夫不负有心人"，她们随手拿起纯水解渴，却吸引了一对老人，这对老人说："员工都在喝这种水，质量肯定不会差，我们就订自力纯水吧。"这件事告诉她们，员工是最好的"活广告"。

蒋莎还带领姐妹们冒着38 ℃高温挨家挨户上门推销。为了树立品牌形象，她们随身带着上海市技术监督局等部门为自力纯水出具的合格证，还经常当着顾客的面喝自己的产品。为了尽早打开销售局面，蒋莎只要一听说哪儿有客户需要纯水，不管路有多远，天气如何，都亲自上门进行宣传，介绍自力纯水的特点。

全厂上下齐心协力，发动各自家人、亲友一起宣传和推销自力纯水。自力纯水的名气终于在上海响了起来，销路也渐渐打开。至1997年底，水厂拥有数千名固定客户。蒋莎取得了成功，她说："我们有了一个好的开头，但这并不够，我最大的愿望就是让'自力'纯水成为上海乃至全国的名牌产品，向社会证明我们下岗职工是有能力的。"

蒋莎被亲友唤为"水痴"，被医生说患了"纯水综合征"。蒋莎每天6点起床，第一件事就是联系客户，通信录被翻烂了，喉咙喊哑了，甚至被医生强制要求禁声治疗。尽管如此，她仍然没有停止联系客户，只要接到电话，开口闭口都是水。还有一次，她心脏病发作，医生要求卧床休息。但听说一家企业要订纯水，她不顾一切，拖着疲惫的身体赶到这家企业，最终争取到这单生意。不少医生被她的精神感动，也成了她的客户。

在家庭与事业的取舍问题上，蒋莎也很为难。有人说，她为了水厂连家都不要了。丈夫嗔怪她为了工作，将家丢在了一边。有一次，女儿生病，又吐又泻，中午12点被老师送回家。电话打到厂里，她正在接待客户，直到下午3点还是走不开。女儿实在忍不住，打电话给妈妈，有气无力地说："妈妈，我又吐了，吐出来的都是又黄又苦的水，你再不回来我就要'牺牲'了！"接到女儿的电话后，她内心十分愧疚。等处理完当日的工作事务，她回到家已经是下午4点多。看到蜷缩在沙发上的女儿，她内心一阵酸楚，忍不住紧紧抱着女儿痛哭流涕。女儿醒来，向妈妈哭诉："妈妈你坏，你真坏！你一点也不喜欢我，妈妈的心里只有'胖胖'。"女儿口中的"胖胖"，就是水桶。

1996年7月，蒋莎的父母从加拿大返沪。在沪期间，她不仅未能尽孝心，反而让他们在家做了两个月的"免费钟点工"。在老人回加拿大那天，她终于抽出时间去送行，在机场不禁与父母相拥而泣。

其实，蒋莎十分重感情，她爱丈夫，爱女儿，爱父母。可是，她忙得什么也顾不上。2000 年，据《青年报》报道，在激烈的纯水市场大战中，自力纯水厂不仅站稳了脚跟，而且兼并了另外四家亏损水厂，正蓄势待发，准备实施新的品牌战略。蒋莎因此成为在北京人民大会堂做报告的全国五位再就业代表人物之一，也陆续获得全国"三八"红旗手、全国再就业先进个人、上海十大杰出青年等荣誉称号。

随着上海工业产业结构的调整，蒋莎原来所在的四纺机由上海纺织控股（集团）公司并入了上海电气集团，自力纯水厂也纳入上海电气旗下。电气集团领导十分器重她，2001 年任命她为上海远东不夜城大酒店副总经理。从此，蒋莎进入人生新的转型。

上海远东不夜城大酒店是一家三星级涉外酒店，拥有员工 400 余名。她原来在自力纯水厂任厂长时，手下仅有员工不足 50 名。新的舞台，带给她的不仅是荣誉，是机会，还是挑战。她相信，任何事情只要用心去做，都能做好。

她主要分管办公室、餐饮、采购等工作。管理部有 400 间客房、近 100 家租赁单位。刚一上任，她就拜访了所有的租赁单位，与他们沟通交流，建立情感基础。她将酒店的员工当作自己的兄弟姐妹，与他们打成一片。员工们觉得蒋总亲和友善，工作也更加卖力，整幢综合大楼的物业管理井然有序。

为掌握现代化管理知识，年近不惑的蒋莎第一次走进大学校园，学起了经济管理学。她报名就读上海师范大学的工商管理专业，系统地学习了"国际营销管理与实务""投资学""信息时代的管理信息系

蒋莎（右）向世博会白俄罗斯馆馆长颁发捐赠证书

统""组织行为学"等课程。她白天坚持工作，晚上和女儿一起挑灯夜战。通过这次集中学习，她最大的收获是习得了 1+1>2 的现代管理理念。女儿也说，过去妈妈在水厂时，天天晚上回到家里还到处打电话叫人家订水，现在好了，可以和我一起读书了。

不仅如此，她主动向大型企业领导讨教系统化管理的方法，向社会工作者学习做职工思想工作的技巧。还邀请上海大学著名教授，为"自力"作品牌延伸的调研。集团里的各种会议、社会上的各种活动，都成为蒋莎学习的课堂。

2003 年，她又出任上海兴华宾馆总经理一职，肩负起市人大常委会繁重的培训、接待工作，以及对外经营的重担。过去是副职，现在却要独当一面。她的工作更加繁忙，每天除了休息六七个小时外，其余时间都泡在酒店里。兴华宾馆有员工近 200 名，平均年龄 30 岁。在她的带领下，这个十分年轻的团队出色地完成了无数个高规格的全国性重要会议和重要涉外接待任务。

蒋莎回忆下岗后的经历："我获得了人生三大财富：自立、自强和自信。纺织的改革和调整，给我提供了一个又一个发展的空间，一次又一次激发出我的潜在能力。"

后来，蒋莎又走上了上海世博会博物馆的领导岗位，努力奉献社会，实现着自我价值。

吕玲娣：三次创业，永不言败

吕玲娣的人生之路，可以用"坎坷"两个字来形容。1979 年参加高考，以 5 分之差与大学失之交臂。接着参加了全市招工考试，取得前 10 名的好成绩，却因胆小不敢填报较高志愿，错过了银行职员的好工作。终于进了上海灯芯绒总厂，成为一名令人羡慕的纺织工人，也因工作努力被评为先进生产者，还结识了后来的终身伴侣，诞下可爱的宝宝。不料，1992 年，吕玲娣和同在上海灯芯绒总厂的丈夫双双下岗了。她当时才 31 岁，对于她，对于整个家庭而言，这简直如晴天霹雳。

"那时候，只想安安稳稳干一辈子染色工人，照顾好家庭和孩子，可突然之间，发现什么都没有了。"吕玲娣如是回忆。工厂经济效益不好，职工们轮流放班，放班时只拿生活费。她正巧碰上生病，拿长病假工资，丈夫拿的是生活费，夫妻二人收入总计才五六百元。

生活靠政府救济总不是长久之计，吕玲娣想到社会上闯一闯。那时市场经济刚刚开放，她学着别人偷偷做点小生意。"初次上阵，头也抬不起来，好像做贼一样。"比如到城隍庙批发扇子出售，1 把扇子赚 1 元钱，一天卖掉近 10 把，一个月能挣到 300 元左右。但由于没有固定场所，被人赶来赶去不是长久之计。之后她又去一家电子商场卖电话机，每天将柜台玻璃窗擦得一尘不染，电话机摆得井井有条，电话机型、价格倒背如流，得到顾客和老板的一致好评。这段经历对她是一笔宝贵的财富，为她之后独立创业打下了扎实的基础。

她渐渐萌生自主创业的想法。为此，她自费 9000 余元进了业余夜大学，经过三年的学习，拿到工商管理学的大专文凭。1996 年，她拿出自己的房产作抵押，又向亲朋好友借款 50 万元，在浦东东方路创办了申浦佳洁发展公司，专售电话机。随着改革开放的逐步深入，大批三产企业产生，新建住房大量涌现，开厂搬家皆需安装电话，公司生意开展得如火如荼，月营业额超过一万元。之后，她又在东方路、浦东大道开了三家连锁店，共有员工十余名。

三年后，吕玲娣再一次领略到市场的无情。当时电话机公司越来越多，竞争越来越激烈，她的公司最终以停业告终。但她很快摆脱失败的阴影，自费参加了美发美容培训班。取得证书后，她立刻筹资上阵，聘请两名理发师，在东方路开了一家美发店。不到半年，本钱全部贴光，最后被迫停业。吕玲娣总结这次创业经历："太盲目了，只想赶快做事，结果反而血本无归。"进入不惑之年后，她却感到困惑了："青春已逝，我还能做些什么？"

尽管经历了前两次创业的失败，但吕玲娣并没有气馁。她在朋友的鼓励下，决定进入保洁行业。由于具有大专文凭，她应聘保洁公司十分顺利，成为一家保洁公司的领班。说是领班，实际上就是高级预备工，哪里缺人就要顶上去。她所在的公司主要为医院提供后勤服务，一个保洁工要承担 20 间病房的窗玻璃、墙壁、厕所、消防箱的清洁，送血、化验品，洗试管，收发病人服装，为病人订饭，等等。曾经的她是公司总经理，如今却要别上工牌做保洁阿姨，想来真是令人唏嘘不已。有一次，一名员工突然临时有事，她必须在凌晨五点半前赶到医院烧开水。冬天天亮得晚，又逢修路。她骑着自行车，不小心翻到沟里，摔得鼻青脸肿，嘴唇被蹭掉一层皮。可她还是咬牙坚持，准时完成了任务。

她始终没有放弃创业的梦想。2000 年 7 月 8 日，她在广中路开设的"灵灵保洁服务社"正式挂牌。为了解决启动资金问题，她把家里所有的有价证券和结婚时留作纪念的外币都抛了出去。就在她苦于有公司、无业务之际，2000 年 7 月，上海市政府实施的 4050 工程项目公开招标。她决定投标环境保洁项目，花了两天时间撰写标书，因劳累过度而高烧不退。

竞标这天，她正躺在医院里挂点滴。为了赶上竞标时间，她来不及挂完点滴，拔掉针头，直奔会场。面对竞标现场不少沪上知名的保洁公司和近乎完美的标书，吕玲娣感到中标无望。人家的标书都是打印的，只有她的标书是手写的。轮到她唱标了，她脸色苍白地走上讲台，说："各位评委，你们也许感到奇怪，我穿的衣服与你们相差一个季节，我是刚从医院拔了吊针赶来的。下岗多年，我尝遍了打工的甜酸苦辣。这个标对我很重要。我虽没有什么优势，但我干过这一行，并且有信心和决心干好这一行。希望大家能给我这个机会。"

吕玲娣的一席话，深深打动了出标单位和评委。最终，她竞标成功。当时灵灵保洁服务社只有 6 名员工，需要承包上海理工大学教师

吕玲娣

吕玲娣与员工在一起

楼和学生楼的保洁项目。学生宿舍楼楼顶安全孔的盖板被掀开了，雨水从六楼一直流到底楼，路面又脏又滑。吕玲娣带着员工爬上楼顶，花了近3个小时，将铁制的盖板恢复原位。在吕玲娣和服务社全体员工辛苦劳动下，学校窗户清洁明亮，厕所干净无味，每次高校卫生检查都顺利过关。

承包上海理工大学保洁工作初战告捷，她不断扩大业务规模，将眼光投向宝山地区。经调查，那里是保洁的空白地带，诸多医院后勤工作没有社会化。她首先选定一家医院，打听到医院院长的名字，连续几天，天天上门拜访。她不肯放弃的精神感动了院长，最终拿下这家医院的后勤项目，还意外地获得了宝山地区的友谊医院、同济医院、长江街道医院、吴淞街道医院等多家单位项目。至2003年，服务社共承担1所大学和10家医院的保洁工作，员工增加至170余名，业务蒸蒸日上。

在突如其来的抗击"非典"战役中，吕玲娣的保洁社又打了一场漂亮仗。浦东一家医院在对"非典"疑似病人进行转移隔离时，保洁社主动提供卫生保洁工作，派了两名保洁工随同前去。这一服务为保洁社赢得了良好的社会声誉。

吕玲娣只是受惠于4050工程的一个代表。上海实施这一工程以来，累计开发项目2000多个，有1万多人圆了"老板梦"。据有关部门统计，在这些成功者中，月收入为1500至2000元的占50%，5000至10000元的占30%，还有15%以上人的收入超过万元。此外，这一工程还创造了近6万个就业岗位，共吸纳5万多人再就业。

2007年，灵灵保洁服务社更名为珍灵后勤管理公司，业务扩大到24家单位，员工增至近400人，服务范围扩展至商务楼、食堂、门卫、电梯等领域。吕玲娣深有感触地说："人生就像一道道坎，坎坎坷坷一路走来，虽然艰难，路却越走越宽广，我会义无反顾地一路走下去！"

纺织再就业服务中心

1996 年起，随着现代企业制度试点的推进，上海各工业系统加大改革、调整力度，大批下岗富余人员走向社会再就业，靠企业"内部消化"为主分流富余人员的道路越走越窄。为此，上海在全国率先探索建立再就业服务中心。下岗职工进入中心后，由中心保障其基本生活，并组织开展职业培训和职业介绍，再帮助他们逐步实现再就业，平稳流向社会。并决定在上海纺织、仪电两家控股（集团）公司进行试点，以作为深入开展再就业工程的新举措。

新举措核心是"一、二、三、四"上海模式，即"建立一个模式、形成两个机制、开辟三个资金来源、界定三个资金用途和强化四个分流渠道"。具体而言，"建立一个模式"指发挥政府、社会、企业、职工四个方面的积极性，建立再就业服务中心，由再就业服务中心对下岗人员进行托管，包括教育培训、职业介绍、职业指导、组织劳务输出、办理社会保险和保障基本生活等全面的中介服务。"两个机制"指国有企业优胜劣汰的良性循环机制和下岗职工再就业的良性循环机制。"三个资金来源"和"三个资金用途"指再就业服务中心资金由政府、社会、控股（集团）公司三方共同筹集，主要用于被托管职工的基本生活费、门诊医疗费和社会保险费。"四个分流渠道"指向区县分流、向商业和第三产业分流、企业生产自救、职工自谋出路。

7 月 26 日，上海纺织控股（集团）公司再就业服务中心和仪电再就业服务中心揭牌成立。至年底，进入这两个中心的下岗待工人员共 11.5 万人，其中 5.8 万人得到分流安置。1997 年试点工作扩大到轻工、华谊（化工与医药）、电气、冶金和建材等行业，共计 7 个再就业服务中心，基本覆盖全市进入结构调整的全部工业系统。至该年年底，共托管下岗职工达 30 万人，分流 21.8 万人，分流率为 72.7%，其中出中心 17.6 万人，出中心率 58.7%。

作为当年上海市再就业工程领导小组办公室工作人员之一，王嘉经历了再就业服务中心从建立到退出历史舞台的整个过程。他回忆称，再就业服务中心仿佛一座通向明天的桥梁，让大量下岗工人从企业人变成社会人，最终进入劳动力市场。

接受培训、期待重返职场的纺织工人

再就业服务中心是一座桥，这座桥具有临时性、单向性、限载性三方面特点。一旦实现国有企业转制和产业结构调整，在劳动力市场发育完善后，它就完成阶段性历史使命。2001年，再就业服务中心被正式撤销，从此退出历史舞台。中心人员全部分流完毕，其中签订协保协议转移出中心50万人，提前退休30万人，其余人员为安置就业或市场化就业，实现了下岗职工基本生活保障向失业保险并轨。上桥下桥是单向道，下岗人员不能长期滞留桥上，更不能走回头路。经过努力，上海的探索取得明显成效，100万下岗职工通过这座"桥梁"实现了再就业。

再就业服务中心虽然退出了历史舞台，但上海的再就业工程仍在继续。2003年，上海又陆续开发了一批"万、千、百人就业项目"，对托底安置的协保人员给予就业岗位补贴。2003年2月，上海市委、市政府实施了一系列促进就业优惠政策，明确协保人员可以享受和失业人员相同的各种优惠政策。

下岗工人能够成功转型，其中既有下岗工人自力更生的韧劲使然，也有政府、社会、企业的帮促作用。首先也是最关键的，是观念的转变。职工个人观念要更新，各级政府、主管部门也要转换思路，适应新形势，帮助下岗职工尽快实现再就业。第二，要有自强不息的精神。前面所举案例，他们从不怨天尤人，憋着一股闯劲，最终取得成功。最后，要有服务社会、服务他人的精神。他们不但自己实现了再就业，还积极帮助其他下岗职工，充分体现了工人阶级的高贵品质。

科技创新焕新颜

上海市纺织科学研究院有限公司
上海市纺织工程学会
《上海纺织科技》
纺织名校东华大学
产学研一体化及成果转化

上海纺织业"壮士断臂"式的结构大调整之后，以科技为先导，以品牌营销和进出口贸易为支撑，注重产学研分工与合作，注重人才培养和成果转化，走出一条纺织科技成果产业化之路，促进科技兴纺。上海纺织的高科技纺织品更是屡屡应用于航天等领域，达到了国际水平。

上海市纺织科学研究院有限公司

上海市纺织科学研究院创建于 1956 年，原为中国纺织工业部纺织科学研究院上海分院，1959 年更名为上海市纺织科学研究院，隶属于上海纺织工业局，后归上海纺织控股（集团）公司领导。该院是我国规模较大、专业齐全的综合性纺织研发机构之一，主要从事纺织企业科技情报信息、纺织检测、纺织产品、工艺、技术设备和材料的开发与应用研究。

2001 年 1 月，上海市纺织科学研究院由事业单位改制为科技企业，承担起纺织企业新阶段技术改革的历史责任。2003 年 3 月，上海合成纤维研究所、上海纺织控股（集团）技术中心、上海纺织环保中心、上海纺织工业节能技术服务中心、上海纺织电子制版技术中心、上海纺织新产品开发中心、上海纺织科技开发中心等单位划入上海纺织科学研究院。2005 年初，上海纺织工业技术监督所、上海服装研究院、上海麻纺织科技研究院、上海印染技术研究院、上海彩织科技研究院等 5 家单位被分配到上海纺织科学研究院统一管理。2016 年，进行公司制转制，更名为上海市纺织科学研究院有限公司，现隶属于东方国际（集团）有限公司。

建院至今，研究院共完成科研成果 1200 余项，专利 24 项，国家

上海市纺织科学研究院大楼

发明奖 4 项，国家科技进步奖 18 项，上海市科技进步奖 71 项，纺织部科技进步奖 48 项。1992 年，上海纺织科学研究院被纺织机械工业部评为"一级研究设计院所"。1995 年，被国家计委、国家科委、国防科工委、国家经贸委评为"国防工业合作支援先进单位"，被纺织总会评为"全国纺织工业科技进步先进单位"。

经过 65 年的发展，上海市纺织科学研究院有限公司已成长为专业门类齐全、科研实力雄厚的综合性纺织科研单位。公司目前下辖上海纺织建筑设计研究院、上海纺织集团检测标准有限公司、上海市纺织工业技术监督所、上海市合成纤维研究所有限公司、上海市服装研究所有限公司、上海东纺科技发展有限公司、上海三带特种工业线带有限公司、上海纺织节能环保中心等单位。主要从事纺织科技情报信息、纺织检测、纺织产品、工艺、设备和材料的开发应用研究，研究领域正从纺织扩展到绿色环保、航空航天、冶金、家电、汽车等相关行业。

公司拥有 5 本公开发行的纺织科技杂志，分别是《印染》《合成纤维》《上海纺织科技》《纺织标准与检测》《时尚设计与工程》；4 个国家级纺织检测数据中心；4 个纺织现代社会科技信息服务公司网站；2 个技术服务网络平台以及具有第三方公正地位的专业相关检验研究机构和中国合格评定国家认可委员会（CNAS）认可的检测实验室，同时可以参与 ISO9001、ISO14001、GB/T28001 管理制度体系等认证，是目前我国纺织专业课程设置最齐全的综合性纺织研发机构之一。

日月沉浮，岁月变迁，65 年雄厚底蕴的沉积，悠久历史的积累，上海市纺织科学研究院有限公司抓住发展机遇，围绕核心业务发展，改

上海市纺织科学研究院团队所获部分证书

革转型，严谨求实，创造更加辉煌的新篇章。上海市纺织科学研究院有限公司地处杨浦，这里高校密集，为科创工作带来了便利条件。该院与大学、企业、面料及纺织成品商保持紧密联系，紧跟市场需求和时代变化，对经济发展方向进行预估，使科研工作与企业需求无缝连接。

　　此外，公司还积极助力企业发展，加强联系和对接，不断扩大和深化交流合作，为上海纺织产业发展做出贡献。上海市纺织科学研究院有限公司所在的东纺谷创意园区已引进纺织企业科技文化创意设计公司70余家，聚集了沪上大批纺织科研力量。在上海经济委员会命名的11位原创设计大师中，林家洋、陈凯和凌亚丽已经进驻园区。目前，以"科技纺织先驱，时尚纺织支持"为口号，纺织科技力量聚集一堂。上海市纺织科学研究院有限公司已建成科研大楼27165平方

位于平凉路东纺谷
创意园的上海市纺
织科学研究院

米（地下 1 层，地上 20 层），每层建筑面积约 1000 平方米。该大楼
技术设备先进，功能齐全，具有地下工程车库和可分别容纳 20 至 250
人的多功能会务服务中心，为入驻企业创造了良好的工作学习环境和
生活发展环境。

　　近年来，上海市纺织科学研究院有限公司秉承上海纺织"科技与
时尚"的发展理念，以"科技纺织、绿色纺织、品牌纺织、时尚纺
织"为发展目标，研究领域从纺织扩展到环保、航天、冶金、家电、
汽车等相关行业，产品遍及民用、医用、军事、工业等多方面，成果

东方国际集团下属纺织企业现代化的车间

斐然。

上海市纺织科学研究院有限公司一直以科研创新为己任，除承担国家重大科研项目外，该院还承担了一大批社会委托的研究开发、技术咨询、技术服务、专利代理和纺织材料检测分析等任务。上海市纺织科学研究院以"环保与成本"两个重要指标为切入点，不断增加科研投入力度，努力追求满足环保要求的高产能纺织成果，打造现代纺织科技服务业，为全行业提供技术支持和服务。

上海市纺织工程学会

上海市纺织工程学会成立于 1954 年，前身是 1930 年成立于上海的中国纺织学会，该学会在中国纺织史上有着悠久的历史和特殊的地位。

近代以来，中国纺织专家和爱国企业家为打破外国资本对纺织机械的技术垄断，实现纺织机械的国产化，自愿结成团体，相互交流。近代纺织科学团体遍及中国，为纺织产业的发展做出了巨大贡献。在这其中，中国纺织学会发挥了重要作用。

成立之初，中国纺织学会就以联系纺织界同仁、研究应用技术、促进国内纺织工业发展为宗旨。上海解放前，该学会已是举办过 13 届年会的纺织行业重要学术团体。1949 年上海解放后举办了第 14 届年会，并将学会名称更改为中国纺织染工作者学会。此次会议影响广泛，上海市市长陈毅到会，并作了重要讲话。1950 年 11 月，学会恢复原名，仍称中国纺织学会。1954 年 2 月，学会部分迁至北京，改名为中国纺织工程学会，原上海本部更名为中国纺织工程学会上海分会，后改名为上海市纺织工程学会。

上海市纺织工程学会自成立以来，以改良纺织工业技术、培养纺织工程人才为重点，团结广大纺织科技工作者，加强科学管理问题的研究。学会定期举办年会，并与纺织工业部、全国纺织工程学会、市科协、市

上海市纺织工程学会第十二届会员代表大会

纺织工业局和公司、基层厂、各相关地区学会和兄弟学会的专家及各界
人士频频互动。学会还分专业进行学术活动，分别成立了棉纺、棉织、
印染、色织、毛麻、化纤、丝绸、巾被、丝带、纺机等14个学术委员
会，70多个专业小组进行学术交流。针对纺织工业存在的不足，经常开
展一系列学术活动，将先进技术运用到纺织工业上来，改变过去落后的
生产状况，迅速培养技术力量，大大促进了中国纺织工业的发展。

　　20世纪50年代，以复苏经济、提高纺织厂生产效率为中心，上
海市纺织工程学会开展了各项学术讨论和技术交流。60年代，开展细
纱机和布机的高速化研究。1984年，举办大型新产品综合年会。次
年，举办学术研讨会，对国外引进设备的消化及吸收工作进行研究探

讨。1986 年，又举办了关于纺织产品的深加工、精加工、提高附加值
等问题的一系列学术讨论会，为中国纺织行业水平提高与发展做出了
贡献。值得一提的是，1980 年，上海市纺织工程学会还邀请到杨振宁
教授来沪作专题报告。

　　上海纺织工业发展过程中，有诸多经验丰富的老工程师退休。鉴
于此，上海市纺织工程学会于 1983 年成立技术咨询服务组，将 150
多名老专家按专业分编小组，开展活动。

　　面对新世纪的大好形势，上海市纺织工程学会为促进中国纺织行
业与国际接轨，开展如各类国内外纺织原料试验和检测仪器发展的学
术报告、国外纺织产品发展的报告等学术活动。经常举行国际学术交

正在做报告的封亚培理事长

流活动，每年平均收到论文 1800 余篇、交流资料 500 余篇，参加活动人数多达 15000 余人次。

各种高层次的专题论坛或研讨会，在上海市纺织工程学会的组织下，相继举行。这些学术文化交流活动，充分利用了学会聚集产学研专业人才的优势，瞄准最新科研工作动态和行业信息技术，具有创新精神和前瞻性，体现出导向效应。

此外，上海市纺织工程学会还开展继续教育，开设"急需紧缺专业培养人才专项培训"项目，利用现有师资力量和经验优势，面向行业和社会招生，开展相关专业技能培训，为更多的年轻纺织专业信息技术管理人员提供理论知识更新和职称晋升通道，不断丰富继续教育的手段与方式。学会经常举办英语、日语培训班，以提高科研人员外语水平。

同时大力推进纺织科普工作。学会充分利用全国科普日、上海科技节等时间节点，通过举办讲座、专家学者走进校园社区等形式，开展"科普推广站""科普讲座""科普知识竞赛"等系列活动，不断提高纺织科普的覆盖面，扩大社会影响力。

自 1954 年起，上海纺织工程学会连续出版了《纺织通报》《纺织技术》《染整通报》《学会通讯》等学术刊物，在行业内产生广泛影响。

时至今日，上海市纺织工程学会仍是纺织界举足轻重的学术团体，在上海纺织界具有鲜明的社会形象和学术权威。它的存在增强了科技工作者的凝聚力和吸引力，无形中扩大了上海纺织行业的社会影响力。上海市纺织工程学会具有鲜明时代特征，是上海纺织产业发展的活化石。

《上海纺织科技》

　　《上海纺织科技》创刊于 1973 年，是由上海市纺织科学研究院主办的综合性纺织技术类期刊，前身是《上海纺织科技动态》。该刊始终秉持面向经济发展、加强科技交流、传播新兴技术、促进行业发展的办刊宗旨，以导向性、知识性、实用性为内容特色，主要报道业界的最新动态，重点报道覆盖整个纺织产业链的新技术、新工艺、新设备、新产品以及管理、经营新理念，及时传播、普及、推广纺织学科

全国中文核心期刊
《上海纺织科技》
的宣传海报

的前沿技术，并针对企业生产、产品开发与管理提供思路、方法和实用技术。

刊物主要分综合述评、研究报告、专题论坛、工艺研究、产品设计与开发、标准与测试、新型设备与器材、纺织专利、书评等板块。编委主要来自各高校及科研院所，其中包括中国工程院院士、大学校长。

该刊在全国纺织企事业单位拥有广泛的读者群，一直是行业内发行量很大的科技期刊，为推动中国纺织工业技术进步和产业升级做出了积极贡献。连续多次入选全国中文核心期刊，并被中国期刊全文数据库、中国学术期刊综合评价数据库、万方数据资源系统数字化期刊群、中国科技期刊精品数据库等多种数据库收录。

纺织名校东华大学

对于纺织产业来说，科研人才的培养意义重大，人才是产业发展的决定性因素。在纺织学科领域，东华大学名列前茅，享有盛誉。

东华大学的历史可追溯到 1912 年爱国实业家张謇创办的南通纺织染传习所。1912 年，张謇在大生纱厂开办传习所，对员工进行培训。后来，张謇将传习所扩展为南通纺织专门学校，中国纺织领域专业人才培养由此开端。此后经过不断发展，南通纺织专门学校扩展为南通学院纺织科。1938 年 9 月，南通学院纺织科迁入上海办学。

1950 年 6 月，在华东军政委员会教育部和上海市人民政府的领导下，由华东纺织管理局主持，会同上海棉纺织业同业公会，将私立中国纺织工学院、私立上海纺织工业专科学校、诚孚纺织专科学校、文绮染织专科学校合并，定名为私立上海纺织工学院。1951 年，随着国家对纺织工业发展的重视，纺织院校又迎来了整合，上海交通大学纺织工程系、上海市立工业专科学校纺织科与上海纺织工学院合并改称华东纺织工学院。1952 年至 1956 年，先后有 6 所分散在上海的纺织院校并入华东纺织工学院，其中包括此前已迁入上海办学的南通学院纺织科。1985 年，学校更名为中国纺织大学。1999 年，又更名为东华大学。经过 70 余年的建设和发展，学校已从建校之初的单科院校

东华大学前身华东纺织工学院

东华大学

发展成为以工为主，工、理、管、文、艺等多学科协调发展的有特色的大学。目前为国家"211 工程"、国家"双一流"建设高校。中国工程院院士俞建勇担任校长。

世界纺织大会已经有百年历史，是全球纺织学界瞩目的盛会，享有"纺织界的奥运会"之美誉。2004 年东华大学首次承办此项会议，使上海纺织走向世界。2002 年，国际纺织学会联系东华大学严灏景教授，发出邀请，希望东华大学来承办这一国际盛事。严灏景教授是中国纺织材料的元老级专家，中国学者中唯一的"瓦纳奖"得主。

然而在此之前，中国未有任何单位加入国际纺织学会，也因此不

东华大学严灏景教授

具备举办世界纺织大会的资格。这一次，东华大学积极联络，及时沟通，为申办大会打下基础。2002 年 3 月，国际纺织学会代表专程来沪，对东华大学进行实地考察。为便于各项工作顺利开展，东华大学加入国际纺织学会，按时递交了申办材料。2003 年 3 月，国际纺织学会于埃及举办第 82 届世界纺织大会，对中国在内的 6 个申办国进行投票。最终东华大学以压倒性优势，获得了第 83 届世界纺织大会主办权。有院士说道："今天我们站在这个历史点上，承接了几十年发展的成果，才获得了这一历史机遇。这也不仅仅是我们一个学科、一个学校的力量所致，而是依托着整个中国蓬勃发展的纺织产业。这是东华的骄傲，也是纺织的骄傲，更是中国的骄傲。这是我感触最为深切的。"

2004 年 5 月，国际纺织学会和东华大学共同主办第 83 届世界纺织大会

　　东华大学对此高度重视，希望第 83 届世界纺织大会能够展示改革开放以后的中国形象，展现东华大学在国际纺织领域的学术地位，表达东华大学与国际纺织学术界合作的良好愿望。决定第一要办出高度和广度；第二要依托社会，合力筹办；第三要设立专题论坛，吸引国内外专家学者和各企业代表与会。2004 年 5 月 23—27 日，国际纺织学会第 83 届世界纺织大会在上海世贸商城隆重举行。这届国际学术盛会创造了多项纪录。参会者超过 2000 人。注册代表有 361 人，其中国（境）外代表 211 人，分别来自 32 个国家和地区的 114 个高等院校、科研院所和企业；国内代表 150 人，分别来自国内 38 个高校、科研院所和企业。到会的媒体记者有 60 多人，包括新华社、《人民日报》等各大媒体。大会共收到 500 多篇论文，经大会科学委员会评审，宣读论文 250 多篇，张贴论文 110 多篇。这次会议的代表层次很高。当时中国纺织界有 7 位中国工程院院士，其中 5 位到会，此外国际知名纺织院校的众多著名教授和专家也纷纷与会。

　　严灏景教授在会议总结中认为，大会提供了中国纺织业界与国外同行交流的机会，成为人们认识上海、了解上海的窗口；大会不仅关注纺织技术问题，还针对纺织产业的发展进行讨论。第 83 届世界纺织大会的盛况证明了纺织并不是"夕阳产业"，而是大有作为。

产学研一体化及成果转化

1996 年，上海纺织控股公司和中国纺织大学签订长期合作协议和 7 项具体合作项目合同。双方探讨以资产为纽带，双方入股，共同建立科技成果产业化公司的途径，由中纺大以项目、软技术、无形资产入股，纺织控股公司由本部和各子公司出资入股，或由科技人才入股，组成多元投资主体的科技型公司，实现风险共担、利益共享、按股分利，从项目咨询、优化，直至成果产业化的一条龙操作，走出一条科技成果产业化的成功之路，促进科技兴纺。

2000 年，民光被单厂与东华大学（即原"中纺大"）联合开发的国家级新产品——民光九孔被，获得上海市"产学研项目一等奖"，同时被列入国家经贸委"2000 年国家技术创新重点项目计划"。2003 年，上海纺织控股公司与东华大学在研制抗"非典"病毒防护产品与共同申报项目等方面再度合作。2005 年 10 月 12 日，我国"神舟六号"载人航天飞船发射成功，上海纺织界为此做出了重要贡献。在"神舟六号"建设项目中，东华大学、上海纺织控股（集团）有限公司等相关院校和企业合作研发航天需要的特种纺织材料，提供"神舟六号"飞船线、带、绳、绸四大类产品，主要用于载人航天器的主降落伞、导翼用纺织品和绳索、救生袋夹克、保险丝用纤维材料和航天服内层

载人航天飞船发射成功

等。此外，上海市纺织科学研究院、三带特种工业线带公司、铁链特种纺织品染整厂和宏卫特种绳带公司4家企业获得"神舟六号"配套单位荣誉证书。

　　上海纺织提供的产品达到了载人航天器的技术要求，屡次获得中国航天行业奖项。就所制造的绳带来说，其强重比几乎达到极限，在高空打开降落伞的那一瞬间，必须达到防灼、耐磨、抗冲击和防老化的要求。再如，经过刻苦攻关，又轻又薄的伞翼用绸每平方米分量较原来减轻10克左右，但其强牢度丝毫不减。整个主导伞面积达到

1200 平方米，总共减重 10 多公斤，这对航天载人飞船来说，减少重量的价值比黄金更珍贵。据航天专家介绍，每减少 1 公斤的搭载，就可节省 1 万多美元。上海纺织科学研究院提供的专用纺织品做到了不漏水、不漏气、可充气、耐压力；而航天服内层的纺织品透气性能良好。

在研制生产这些高科技纺织品的过程中，为了达到技术要求，相关研究企业的科技管理人员做出了不懈的努力。员工们胸怀"一根绳带、一块布料关系国家经济强盛"的责任感，克服了规格多、要求严、技术难、交货急等诸多困难，按照设计标准加工制作。他们严格把好产品质量关，每生产一个重要品种，每使用一台设备，都做到有案可查。大家都以国家的利益和声誉为重，克服困难，将产品按时按量交给中国航天工业制造部门。最终，在上海纺织界的共同努力下，我国的纺织技术在航天领域的应用达到了国际水平。

2003 年以来，上海纺织界曾获得国家科技进步奖、中国纺织工业协会科技进步一等奖、上海市科技进步奖等多个奖项，申请专利约2000 件，其中发明专利近 200 件，多项获得科技成果转化。特别是"神舟五号"和"神舟六号"飞船的返回舱引导伞面料、返回舱主降落伞面料、飞船用点火绳等高科技成果，获得了国家嘉奖。

除此以外，上海纺织在新型功能性产品方面也取得显著成就。比如拥有自主知识产权的耐高温纤维——芳砜纶产业化项目已形成 1000吨产能，绿色纤维 Lyocell 千吨产业化项目建成投产，正在进行万吨级项目论证，以新型膜结构材料为代表的业务群，在用材领域处于技

"神舟六号"返回舱落地、返回主伞系上海纺织出品

术先进水平。全国汽车地毯，60% 以上来自上海。汽车安全带，50% 以上来自上海。

当然，中国航天纺织技术仍有很大提升空间，尤其在高性能纤维领域的研究、开发和产业化方面还有很长的路要走。例如，我们的纺纱和织造生产没有问题，但高性能纤维的产能严重不足。例如高强聚乙烯，国内只有 3 个比较形成规模的厂，生产能力仅 200 吨，而且产品的一致性与国外同类产品相比有很大差距。因此，生产高科技功能性面料的原料全部依靠进口，生产高强度、低重量的降落伞绳的高强聚乙烯也全部依靠进口。近年来，我国高性能纤维年消耗量超过 2000 吨，而高性能纤维的价格非常昂贵，平均每公斤在 300 到 700 元人民币。

展望未来，国外航天领域的很多成果用于民用后即产生了很好的经济效益，这也将是中国航天纺织技术的重要发展方向。例如，大家熟知的"尿不湿"就是美国最早航天转民用的成果。2003 年"非典"期间，许多医护人员穿着厚重的防护服无法散发体内热量，导致体力消耗太大。中国航天员中心利用航天服中的冷却技术，制作了特殊的冷却背心，赠送给小汤山医院和解放军 309 医院的医护人员，有效解决了防护服散热问题。航天服的科技含量很高，密封调压、通风散热、排湿、抗冲击等性能良好。将这些研制成果转移到功能性服装的开发上，比如消防服、潜水服，或者工业防护服以及医用防护服，无疑将提升这些产品的科技含量，带动我国服装工业的发展。

纺织名品知多少

"贴身衣物，找三枪"

"正式场合穿海螺"

作为国礼的"凤凰"牌毛毯

"好舒服，帕兰朵在里面"

"斯尔丽——使你更美丽"

中国家纺行业领先者：罗莱家纺

品牌是历史的积淀、市场的认可、竞争的优势，一个品牌的形成来之不易。上海原本就是工商金融大都市，上海纺织曾经产生过一大批享誉海内外的知名品牌，这些品牌有的在历史大潮中被淹没了淘汰了，有的在历史竞争中传承了下来，仍然保持旺盛的生命力。更可喜的是，不断有新的知名品牌脱颖而出，推陈出新，它们在新时代站得更高，走得更远，叫得更响，为中华民族不断谱写新的自豪的篇章。

"贴身衣物，找三枪"

提到中国内衣商品市场最具代表性的民族品牌，不得不提上海"三枪"。"三枪"诞生于抗日烽火年代，以"提倡国货抵制日货"的民族之情和爱国之心打开市场，经过 80 多年的蓬勃发展，如今已享誉全国，走向世界。

"三枪"品牌源自上海针织九厂，其前身是莹荫针织厂。该厂老板干庭辉是一位爱国的民族工商业者，也是一位射击运动爱好者，"三枪"这个名字就与他的爱好密不可分。1930 年，他在一次射击比赛中两获冠军。"双枪"商标由此注册诞生。1936 年，他再次拿到冠军，获得射击生涯中的第三冠。为表示庆贺，也为了弘扬国货，他申请注册了"三枪"商标。"三枪"品牌带着与生俱来的冠军气质，谱写了一段段"国货自强"的新篇章。

历经战争时期的艰难求生，"三枪"品牌在新中国成立以后迎来新生。1954 年 12 月，莹荫针织厂改为公私合营。1966 年，莹荫针织厂更名为国营上海针织九厂。当时，厂里有员工 1000 余名，主要生产"鹅"牌、"菊花"牌、"熊猫"牌和"三枪"牌的棉毛衫裤。

在计划经济之下，工厂全部心思放在生产上，市场意识方面几乎是一片空白。该厂大部分产品由国家进出口公司进行外销，仅少部分

1936 年莹荫针织厂申请的"三枪"商标批准书

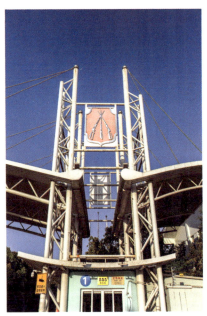

"三枪"品牌标识

产品内销，既无销售手段，也没有精致的包装。而当时对品牌概念的理解，则是同一类产品就用一个商标。与其说是品牌，不如说更像一个个代码。外贸公司主要贴"鹅"牌、"菊花"牌，内销则由批发站分配品牌，薄型内衣一般是"电力"牌，厚一点的棉毛衫裤则是"灯塔"牌，"三枪"牌在当时几乎不用。

"三枪"品牌是什么时候开始火起来的呢？据上海三枪（集团）有限公司常务副总经理曹春祥回忆："只有一次，20世纪60年代，我们开发了一款新产品，是42支双股的闪色棉毛衫，一根白线一根彩线纺出来的布，特别牢固，穿10年都不会坏，当时一下子轰动了。"至此，"三枪"品牌开始拥有了广泛的群众基础，这为后来"三枪"的发展埋下了伏笔。而这款棉毛衫至今仍在销售。

1977年，学徒工出身的苏寿南担任针织九厂厂长。不久，国家实行改革开放，社会主义市场经济发展逐步深入。他抓住机遇，带领企业大胆改革、锐意创新，在纺织业内率先推出一系列改革举措。一方

三枪集团原董事长苏寿南

面，针对针织九厂商标众多，作用互相抵消的问题，集中精力单独培育带有鲜明民族特征、讲究质量的"三枪"品牌。另一方面，主动寻找广告机会，积极扩大品牌影响力。20 世纪 80 年代，红遍大江南北的电视剧《上海滩》播出，结尾那三声枪响的冠名广告，让"三枪"品牌家喻户晓。

在苏寿南带领下，"三枪"根据市场竞争态势，确定了以世界著名品牌为竞争对手，提出"三枪"品牌新的发展战略。该厂不断开发新产品，兼并十余家针织企业，使老牌子重焕青春。1980 年，上海市工商行政管理局授予"三枪"品牌"上海市著名商标"称号。1985 年，"三枪"凭借其代表产品闪色棉毛衫裤获得国家银质奖。"三枪"成为上海纺织第一著名品牌。

同时，上海针织九厂也不断发展。1994 年，以上海针织九厂为母体、"三枪"品牌为龙头、资本为纽带，上海三枪（集团）有限公司正式成立。从此，公司实现了商号与商标的统一，也被国务院列为推行现代企业制度 100 家试点单位之一。同年，"三枪"在上海开办了第一家专卖店，这也是全国纺织行业的第一家专卖店。1996 年，"三枪"内衣销售收入达到 12 亿元，位列全国内衣市场销量第一。经权威部门多次市场调查，"三枪"品牌知名度、信誉度、市场占有率都高于第二名 10 个百分点以上。1991 年至 1996 年间，公司资本运行规模较之前扩大了 10 倍，生产经营规模也增加了 12 倍，经济效益增长了 100 倍。

"三枪"集团以"发展三枪，永不满足"为发展理念，制定了

"优质高品，热忱服务，恪守信誉，领导新潮"的质量方针。1995 年，苏寿南提出："三枪"质量的最高标准就是消费者的满意。次年，"三枪"集团顺利通过 ISO9001 质量体系认证，成为国内本行业中首家通过质量认证的企业。

1999 年，经国家经贸委批准，"三枪"集团的高档面料生产基地落户上海浦东南汇康桥工业区。同年，"三枪"荣获"驰名商标"称号。此后，"三枪"集团先后顺利通过了 ISO9001（2000 版）质量体系认证、ISO14001 环境管理体系和 OHSAS18001 职业健康安全管理体系的认证，成为上海纺织系唯一一家"三证俱全"的企业。

2002 年，三枪工业城建成开工，占地 15 万平方米，形成了集针

三枪工业城

织、漂染、成衣加工、研发设计、物流仓储为一体的生产格局。

经过多年的努力，"三枪"集团已经形成以市场为导向的新产品开发和创新机制，并建立了市级的三枪技术中心。三枪技术中心作为上海市首批 6 家市级技术中心之一，每年研发超过 2000 个新品，开发出来的针织产品荣获国家、全国纺织系统、上海市"新产品奖"和"科技进步奖"等殊荣。1998 年，"三枪"同国际上著名的美国道康宁公司、美国杜邦公司进行合作，引进国际最新的科技成果，结合"三枪"精致的制衣工艺，为消费者带来新的惊喜。

进入 21 世纪，"三枪"品牌利用"科技"与"时尚"两驾马车，向电商领域进军，在"中华老字号电商百强排行榜"名列前茅。在传

三枪 ULOVE 生活馆

统销售渠道上，"三枪"品牌旗下的ULOVE三枪生活馆在全国范围内扩大到了近800家。"三枪"门店从以卖内衣为主的专卖店，转型为契合大众时尚的居家生活体验店，受到越来越多年轻人的青睐。

80多年专注内衣领域和品牌发展，"三枪"集团"爱国""第一""健康""时尚"的品牌文化内涵，体现了上海纺织优秀历史文化基因中的爱国精神、经纬精神和时尚精神。如今，"三枪"正将目光从亚洲投向世界。未来的"三枪"将不仅仅属于上海、属于中国，而且要昂首于世界品牌之林。

"正式场合穿海螺"

　　20世纪80年代，"正式场合穿海螺"成为家喻户晓的广告语。每一款"海螺"新产品的推出，都会引起一股抢购潮，甚至出现"一衣难求"的场面。"海螺"成了一种身份的象征。这句广告语还被作为市场营销的经典案例供后人学习。在服饰品牌高速迭代的今天，只有分布在中国各地的300家专卖店还能证明这家近乎跟新中国同龄的中华老字号品牌留下的辉煌和荣耀。

　　"海螺"生产厂家以前是上海第二衬衫厂。再往前追溯，则是创办于1950年9月的荣新内衣厂。上海解放后，百姓的着装款式较为单调，基本以解放装、人民装、列宁装为主，是一片"蓝灰的海洋"。曾经繁荣的西装、时装生意冷落，数百家服装商店关闭。而林成梁等

"绿叶"牌衬衫商标

人却坚信，国人在正式场合一定会穿正装。于是他们在无资金、无设备、无厂房的条件下开办了荣新内衣厂，并于次年正式注册使用了"绿叶"牌商标，寓意勃勃生机、合力共赢的美好愿景。

荣新内衣厂成立后不久，便试制出了填补当时国内空白的化学领专用药水。这一技术进步，使得"绿叶"牌化学领衬衫与世界名牌产品质量不相上下，在国内掀起一股购买热潮，产品供不应求。1954年对"绿叶"牌衬衫是非常重要的一年。"绿叶"衬衫作为中国当时唯一的衬衫代表，参加了在苏联举办的博览会和在民主德国举办的莱比锡服装展览会，在国际市场上惊艳亮相，此后便名声大噪。

1966年11月，荣新内衣厂更名国营上海第二衬衫厂。1973年，上海市手工业管理局一位同志从国外考察上海服装出口情况归来。据他介绍，上海衬衫在国外还不能打入高端市场，有的甚至只能在地摊进行售卖。他鼓励该厂领导拿出名牌产品打入国际高端市场，为国争光！怀着为国创名牌、让国人穿名牌的决心，工厂从"海螺姑娘"的美丽传说中获得灵感，创立了全新的"海螺"品牌。其中"海"象征诞生地位于上海，"螺"则是瞄准当时美国衬衫名牌"阿罗"。"海螺"正式登上历史舞台。

"海螺"牌商标

　　1992 年，上海第二衬衫厂投资成立上海海螺服饰公司。两年后，与上海第三衬衫厂合并，组建成立上海海螺（集团）公司。后又与上海夹克衫厂、上海和平帽厂、远东纽扣厂等 10 家单位合并，组建成立上海海螺（集团）有限公司。上海纺织龙头股份资产重组，更名后的上海海螺服饰有限公司即成为龙头股份的全资子公司。2005 年，投资 1.5 亿元，在嘉定马陆建造了面积达 4 万平方米的现代化服饰制造园。

　　随着国际品牌和本土新锐的不断出现，市场竞争越来越激烈，公司感受到了前所未有的压力。此时，"海螺"面临着缺少专业团队、资金短缺、信心不足、业务老化、增长乏力等诸多问题，产品逐渐被市场冷落。为了走出困境，公司改变思维定式，从销售开始突破。首先，加大对上海、江苏等传统市场的投入，不断提升品牌形象。第

上海海螺（集团）有限公司

"海螺"门店

二，瞄准北京等一线城市，悉心培育品牌知名度。第三，组建以"职业服"为核心业务的贸易中心。通过这些举措，公司化险为夷，销售收入快速增长。

之后，"海螺"走上了低成本扩张道路，主打超市专柜和工厂直销渠道。针对低迷的外贸市场，根据"外贸转内销、贴牌加工转职业服"方针，及时推动企业转型，坚决关闭损失现金流的门店与分公司，再配合精密的企业管理，不但提高了"海螺"集团人力和资金的配置使用效率，也让"海螺"的销售、管理得到了进步。

在"海螺"原有业务得到巩固后，公司便开始了对新业务模式的积极探索。

"海螺"服饰

2008 年，在与竞品进行深入比对后，公司得出结论：要想提升品牌知名度和市场占有率，必须提供更优质的服务。基于此，公司提出"量身定制"的理念，即通过个性化的量身定制吸引顾客。同时，各专卖店提供"天天免烫"服务，受到市场的热烈反响。

除推出特色业务外，公司还顺应时代潮流，积极试水电商领域。过去，公司仅将衬衫量身定制与网上直销相结合，网站运营全靠自己，造成市场反应平平。为改变这种局面，公司充分利用淘宝网运营平台进行销售，以"聚划算"活动为主战场，充分消化库存商品。不仅快速提升了业绩，也打响了其淘宝旗舰店的知名度。电子商务团队，成为公司的一支不可忽视的"生力军"。

　　此外，公司还建立了一套完善的员工考核激励机制，坚持"领导挂帅、发展骨干、因材施教、培养人才"的原则，为员工搭建创业的广阔平台。为了使员工能够安心工作，公司重视员工的薪酬福利，企业慢慢焕发出生机。

　　不同措施多管齐下，"海螺"在 2010 年上半年首次实现了主业盈利，摆脱了之前机制老化、业绩下滑的颓势。

　　"海螺"集团 71 载的悠久历史，不仅有"为国争光"的至高荣耀，也有失去市场的短暂"阵痛"。命运浮沉之间，沉淀下来的，是"海螺"人"追求卓越，永不自满"的企业精神。我们有理由相信，这家始终坚守"为国人做最好衬衫"初心的企业，能够发展得更好！

作为国礼的"凤凰"牌毛毯

1972 年 2 月，美国总统尼克松访华。上海"凤凰"牌毛毯被作为国礼相赠，享誉海内外。它也是中国最著名的毛毯品牌之一，在20 世纪七八十年代与北京"双羊"、哈尔滨"卧虎"并称"中国三大名毯"。

上海第一毛纺织厂前身为日资纺丝工场，1935 年转产毛纺织品，1938 年正式生产，改名为公大四厂。抗日战争胜利后，该厂由国民党政府经济部接管，更名为中国纺织建设公司上海第一毛纺织厂，主要产品有女式呢、大衣呢、制服呢、毛毯、工业用呢等。

1949 年 5 月上海解放，该厂由上海市军管会接管。1950 年改名为国营上海第一毛纺织厂。1958 年至 1963 年，该厂先后开发羊绒大衣呢、兔毛短顺毛大衣呢、学生呢、松结构花呢、银枪大衣呢、维罗呢等新产品，外销苏联、古巴、罗马尼亚、民主德国、美国、日本等国。

1971 年 12 月，为准备美国总统尼克松访华下榻宾馆中的床上用品，第一毛纺织厂根据上海市人民政府要求，特请人重新设计已有的"凤凰"商标，并选用马海毛和澳毛为原料，采取牡丹、菊花等 7种花型。制作出来的产品整体造型美观大方，触感顺滑柔软，堪称精

上海毛毯厂整理车间

品。1972 年 1 月，该厂顺利完成了生产任务。精美的花毯也作为国礼送给了尼克松。"凤凰"牌毛毯从此声名鹊起。

当时新人结婚，女方置备的嫁妆中必定要有"凤凰"牌全毛提花毯。尽管当时"凤凰"牌毛毯价格不菲，每条需 58 元，几乎相当于普通人一个月的工资，却总是供不应求。

"凤凰"牌提花毛毯在当时被誉为上海纺织的"金凤凰"，先后斩获了国家银奖、中华最畅销商品、国产纯羊毛毛毯第一名、上海名牌等无数荣誉，产品风靡市场。1978 年，国营上海第十八棉纺织厂更名为上海毛毯厂。80 年代初，与上海第一毛纺厂合并。1994 年 11 月，该厂与上海纺织装饰集团公司组建上海凤凰装饰有限公司，逐步建成集染、纺、织、整于一体的国有大中型毛毯生产企业，创造了年产

100 万条毛毯的纪录。

然而，在转向市场经济的过程中，"凤凰"毛毯的体制、观念和产品结构逐渐无法跟上时代，每年承受着巨额亏损。"凤凰破产"的谣传也不胫而走，曾经的"金凤凰"沦落为"落地的凤凰不如鸡"。

2002 年，上海毛毯厂转制为上海凤凰毯业有限公司。经过几年探索，"凤凰"毯业逐渐摸清市场经济背景下的"游戏规则"：第一是计划经济下"酒香不怕巷子深"的年代早已过去，不仅产品质量要过硬，也要打广告；第二是要做差异化的产品，不做其他企业能做出来的产品；第三是要找到自己的目标消费者，从之前的"广撒网"到"精耕作"，选择白领作为目标人群。"凤凰"毯厂果断舍弃了又沉又窄、落后于时代的厚实羊毛毯，转向"轻、薄、软、大"。

"凤凰"毯厂认识到，科技加时尚是永恒的主题。对一家企业来说，唯有同时在科技和时尚占得先机，才能诞生有差异化的产品，在市场经济的大潮中立于不败之地。"凤凰"毯厂改变了国人对毛毯的认知，过去大家认为毯子是冬天用作压被子之物，取保暖的作用；而现在，凤凰全毛水纹印花艺术毛毯色彩丰富，花型奔放，触感柔软又蓬松，集艺术性、装饰性、实用性于一体，使毛毯的使用时间从原本每年两三个月延长了 3 倍。

在明确目标和客户群后，"凤凰"毯厂按照市场化的要求配置机构和人员，实行合同制。通过多年的运作，形成了一套充满活力的崭新用人机制。以此为基础，分配机制和激励机制的诞生也水到渠成。一整套新机制极大地激发了全体员工的潜力。

"凤凰"牌全纯羊毛绒毯

同时，"凤凰"毯厂彻底丢弃过去"概念营销"时代的老路。原来搞批发，不搞零售，现在打通物流配送、技术品质、营销管理、售后服务等各个环节，积极参与市场竞争。集中优势资源，通过上海大超市、大卖场将产品展示到顾客面前。港汇广场、东方商厦、新世界商厦、市百一店、永安百货、上海卧室用品公司、上海床上用品公司等商场和专业的床上用品商店、著名的商业街都可以看到"凤凰"的身影。

"凤凰"还积极与澳大利亚、德国、日本等国外客商合作，将产品打到国外去。"凤凰"找回"国礼"的荣光，"凤凰"牌毛毯让挑剔的海外客户为之折服。产品远销欧美、大洋洲和东南亚各国，其全毛印花系列独树一帜。

从当年万人翘首"金凤凰"的荣光，再到"落地凤凰不如鸡"的失意，"凤凰"毯厂在向市场经济转型的过程中成功地实现了"突围"，完成了"凤凰涅槃"，取得了今天令人瞩目的成绩。上海"凤凰"毛毯浴火重生，再次成为市场的宠儿。1995 年至 2005 年，"凤凰"连续十年获"上海市名牌产品"称号，后又连续多年获得"上海市畅销品牌"证书。2006 年，"凤凰"荣获"中华老字号"称号。"凤凰"传承着老字号品牌的独特魅力，营销从单一"凤凰"毛毯走向"凤凰"家纺。"凤凰"在发展的道路上不断更新自我、超越自我的精神，带领企业走得越来越远。

"好舒服，帕兰朵在里面"

　　"帕兰朵"这个名字，具有一种不同凡响的气质和韵味，让人一听就觉得简单明快又温文尔雅。用以命名内衣品牌，则能给消费者带来身体和精神上的双重愉悦。事实上，"帕兰朵"也做到了"品如其名"。与这个美丽的名字相伴随的，是上海帕兰朵高级服饰有限公司历经 20 年的艰难探索。如今，公司已具有营销终端 10000 家以上，产品辐射全国，品牌影响力几乎达到家喻户晓的程度，是国内一流科技创新的专业内衣企业。

　　中国保暖内衣市场发展的时间并不长，但发展速度却极为惊人。1998 年，全国的保暖内衣企业仅十几家。一年以后，生产保暖内衣的企业数量增长了五倍以上。这其中，不仅有"三枪"这样享有盛誉的知名民族品牌，也有"南极人""俞兆林"这样一些很早就从事保暖内衣生产的企业。

　　在迅速发展的保暖内衣商品市场上，上海帕兰朵高级服饰有限公司也应有一席之地。2001 年，在纺织业摸爬滚打十余年的杨军与方国平等四人，共同创办了上海帕兰朵高级服饰有限公司。市场经验丰富的杨军主要负责商业渠道、市场观察等，其他三人分别负责企业的具体生产过程、产品开发、广告企划等。公司起步较晚，但四人凭借丰

PLANDOO

帕兰朵

"帕兰朵"品牌标识

富的经商经验，很快使公司取得较快发展。资本几乎每年翻一番，第一年是 3000 余万元，第二年达到七八千万，第三年直逼 1 亿元，到第四年已跃升到近 2 亿元。

怎么会想到用"帕兰朵"作为企业品牌名称呢？起初四人也感到犹豫。"帕兰朵"是一个意大利名字，从市场影响上来看，意大利的服装品牌带给人一种高雅、高品质的感觉，取其名将有利于日后产品的销售。但选择一个传统名称更适合民族工业发展。反复权衡之后，他们最终还是选择了"帕兰朵"品牌，但一直朝着民族品牌这个目标努力，希望将"帕兰朵"打造成兼有东方血脉和西方营养的品牌。2005 年，"帕兰朵"真正成为上海自己的品牌，成为上海市著名商标和上海市名牌产品。

这种"洋为中用"的做法，使企业不仅获得了西方先进的设计理念和思维方式，也能更好地结合中国本土的民族特征和消费习惯。在日后的发展中，"帕兰朵"也塑造出既适合大众又有品位的品牌气质，在大量同类品牌中"超凡脱俗"。

为什么"帕兰朵"能够在激烈的市场竞争中脱颖而出？最重要的一点，在于企业刚刚成立时，创始人就提出了差异化品牌战略，高度重视产品的特色和质量，而创新是提高产品特色和质量的关键所在。

当市场上其他企业都在围绕着拉毛、磨毛、磨绒这些概念做文章时，"帕兰朵"偏偏不走寻常路，推出一面磨毛、一面异常光洁平滑的产品。当其他企业采用各种细节提花，如菱形花、珍珠粒、米粒、明饰与暗饰等，以提高产品档次，"帕兰朵"则钻研立体大提花，形成提花内衣的独特风格。

随着时代的进步，消费者对内衣的选择越来越多，内衣的内涵与外延也不断扩大和延伸。不仅有在外形上下功夫的，使内衣看起来更加时尚、性感；也有主打科技概念的抗菌内衣等等。但"帕兰朵"公司更加注意到一点，内衣是贴身穿的，舒适性将是打开内衣消费市场的重要切入点。他们提出一句响亮的广告语："好舒服，帕兰朵在里面。"口号喊出去了，产品质量自然也要跟上。

"帕兰朵"公司将重心放在技术研发和创新上。相较于时装，针织内衣创新需求更迫切，创新难度更大。公司依靠纺织技术专家，攻关研制最新产品的工艺、技术，通过大量试验材料，诸如羊毛、羊绒、棉、彩棉等天然纤维，莫代尔、天丝、大豆蛋白纤维、牛奶蛋白纤维等纤维素纤维，充分发掘其中最亲和、最舒适的物质，再进行合理的组合、调配和制造。

经过努力，"帕兰朵"公司几乎每年推出一项甚至多项有一定影响力的产品，不仅满足了日益旺盛的市场需求，还形塑了消费者追求舒适的内衣消费观念，在消费者中树立一种惯性意识："帕兰朵"代表着"舒适"。

2001 年，"帕兰朵"公司在全国首先采用意大利圣东尼公司的一次成型设备，研制生产了超薄热能美体内衣，并使美体内衣这种新的内衣产品风靡全国。2002 年，推出双面羊毛内衣和经过德国、意大利设备和技术处理的磨绒全棉内衣。双面羊毛内衣不仅保暖效果好，更在舒适性上独领风骚，很快得到市场的好评，引起同行对这家年轻企业的关注。此后，又先后推出毛盖棉内衣、"米兰格"内衣和双面磨绒内衣。这些新颖的产品无论是手感、质感，还是颜色都与市面上流行的其他保暖内衣有很大的区分，给消费者带来与以往完全不同的体验。

同时，"帕兰朵"公司建立起系统的质量保证体系，及时发现问题和解决问题。公司通过质量体系的监管系统，找到问题的源头，总结问题发生的规律。一个体系和一个系统的建设，让每位员工都成为责任人，全员参与对产品质量、工作质量、服务质量的监管，保证了整个公司在全面质量体系监控下健康有序运作。

差异化的定位帮助"帕兰朵"公司获得了大量消费者的认同，实实在在的品质成就了"帕兰朵"的辉煌。经过多年市场锤炼，公司羽翼渐丰，产品从单一品种向四季产品发展，逐渐形成具有"帕兰朵"鲜明个性的七大产品系列，包括羊毛内衣系列、倍暖保暖系列、米兰格提花系列、维生素护肤功能系列、无缝美体系列、时尚休闲系列、小针织系列（内裤、手套、袜子等）。品牌战略也悄悄从"好舒服，帕兰朵在里面"慢慢转变为更加立体的"城市生活内衣"。内衣成为现代城市生活的一个部分，能满足消费者不同场合、不同季节的各种

"帕兰朵"城市生活内衣

要求，从日常必需的睡衣，居家一公里生活圈中购物、散步、运动的着装，到户外、工作时的内衣一应俱全。

"帕兰朵"的成功，不仅是向消费者提供优质的商品，更重要的是它以独树一帜的品牌文化，向社会输出新的生活理念和方式。在"城市生活内衣"的战略定位指导下，"帕兰朵"开创出内衣的新天地。

"斯尔丽——使你更美丽"

在上海，当被问及肇周路的"斯尔丽"服饰，多数人都知道，这是一家很有名的女装品牌公司。"斯尔丽"公司成立于1993年，创始人为温州商人邵联勤。"斯"在《尔雅·释诂》中解释为"斯，此也"，"尔"在古代汉语中指"你"，"丽"意为"美丽"，"斯尔丽"寓意在于"使你更美丽"。

说起邵联勤，可谓是一位真正白手起家的商人。他出生于浙江省温州市永嘉县徐岙乡樟岙村，受祖辈们艰苦创业精神影响，20多岁便外出闯荡。他贩过船票，当过裁缝，走南闯北推销产品，也经常出差到上海开订货会，目睹了上海在改革开放初期的风云变幻。上海人对服装的强大需求，激起了他创业开服装店的欲望。心动不如行动，1987年，他只身到广州等地考察，吸收流行时尚元素，购置了一批时尚服饰带回家乡仿制。同时，他在上海最繁华的西藏中路九江路路口租下一间仅12平方米的店面。通过这种前店后厂的模式，他开启了自己的女装生意之路。

当时上海时装店并不多，而市场需求又很旺盛，一年下来他便赚了20余万元，几年精心经营下来积累了三四百万的盈余。之后，他又在永嘉县创立浙江维那丝制衣厂，采用自产自销、厂店联营的方

斯尔丽集团

斯尔丽集团

式，瞄准女性追求时尚和流行时髦的市场定位。很快，"维纳丝"品牌强势入驻市百一店、新世界、名品商厦、太平洋百货、伊势丹等沪上著名商厦，销路大开，业绩猛增。

钱包鼓了，可是户籍身份却限制了"维那丝"的出路。当时按照政策规定，外地人不能在上海注册公司，而且无法买车、买房，甚至无法买 BP 机、手机。根据邵联勤的观察，上海人特别注重品牌，尤其青睐本地品牌。"维那丝"来自外地小乡村工厂，很难真正被上海人接纳。再加上永嘉距离上海较远，企业管理、服饰信息及交通运输等方面存在诸多不便，都制约了企业的进一步发展。

户籍身份还限制了邵联勤及其家庭的出路。由于没有上海户口，孩子的教育十分麻烦。他千方百计找到关系，才将孩子送到上海一所重点中学读书。读书问题解决了，却还是要面临将来孩子异地报考大学的难题。他当时想："只要能让我拥有上海户口，出多少钱都行！"

就在这时，上海市为了吸引外来人才，出台了"外省市人购房可报上海蓝印户口"的政策。这对邵联勤来说简直是久旱逢甘霖。政策一出，他就张罗起购房和落户的事。他花 170 万元在浦东新区购置了两套住宅。1994 年，当地政府为他办理了蓝印户口，他成了申城"蓝印户口第一人"。

成为新上海人后，他经营服装生意的热情更加高涨。当时正值上海纺织产业结构大调整，他及时抓住时机，率先与人合资在卢湾区成立了上海斯尔丽服装厂，并逐渐关闭浙江的企业。后又将目光投向全国，在各大中城市开设连锁专卖店，且每年以 100% 的销售业绩递增。

1995 年，正式注册"斯尔丽"商标，提出"追求卓越、顾客至上"的服务精神，使品牌在消费者心目中树立了优良的形象。

"斯尔丽"逐渐树立起专业品牌的形象，迅速打开女装消费市场。在经过市场细分后，"斯尔丽"将目标消费群体定位在 30 岁至 35 岁的白领女性，而实际上则外溢至 25 岁到 40 岁女性。根据这一市场定位，请出当时在全国影视界和观众中口碑颇佳的著名表演艺术家潘虹出任形象大使，并请潘虹利用自己的影响力，在每年冬季大衣销售的旺季，专程走访全国 10 个重点区域市场，直接与影迷和消费者见面。"斯尔丽——使你更美丽"的广告语，再加上著名影星潘虹的形象代言，"斯尔丽"风靡沪上，成为时尚女性的首选女装品牌。

1997 年，"斯尔丽"女装销量跃居上海第一。次年，销售额从 500 万元猛增到 19 亿元，年销大衣 61 万件，占全国大衣市场 12%，

"斯尔丽"品牌女装

位居第一。

对于邵联勤来说，这辈子最荣耀的事情，应该是1999年国庆50周年庆典时，"斯尔丽"牌西服在天安门城楼国庆大典礼仪服饰的竞标中脱颖而出，被指定为国庆大典的礼仪服饰。这一天，天安门城楼的工作人员，穿的全部是由"斯尔丽"特制的礼服。

谈及当时的情况，邵联勤还是很有感触。据他回忆，当年从电视上得知国庆50周年盛典天安门城楼上的工作人员要更换制服的消息时，全国已经有400余家企业报名。他翻阅了很多有关国庆庆典的书籍、资料，也请教了一些礼仪行家、设计师，最终决定使用深色制服参加竞标，以示庄重。功夫不负有心人，当时不少企业选择了浅色系列，"斯尔丽"格外与众不同，在招标会上大获成功。这件事让"斯尔丽"一下子名声大噪。

准确的市场定位加上符合品牌气质的代言人，配合旗舰店模式的品牌零售，显示出了惊人的威力，"斯尔丽"品牌在中国本土服装品牌市场占有率上名列前茅。1999年，"斯尔丽"销售额达到2.2亿元，蝉联全国第一。同年，在香港注册成立斯尔丽国际集团（香港）有限公司。进入新世纪，"斯尔丽"销售额猛增到了2.5亿元，继续保持着全国市场"领头雁"的位置。2003年5月，公司已拥有5家服装厂，在全国拥有1000多个销售网点，还在日本东京开了首家海外分店。同年，"斯尔丽"顺利通过了ISO9001-2000质量体系认证复审。2004年，根据国家统计局发布的公告，"斯尔丽"以4.55%的市场占有率成为我国最畅销女大衣品牌，就此确立了"斯尔丽"在市场上的品牌形象。

邵联勤曾经说过，捕捉商机的速度和对市场反应的速度，决定了品牌的成长，随波逐流地跟在别人后面，注定只能吃残羹剩饭。潜心塑造完成女装大衣品牌"帝国"后，"斯尔丽"公司紧跟时代潮流，积极尝试推行多品牌战略，以壮大集团的综合实力。

2004年，"斯尔丽"推出旗下青春、时尚的淑女品牌——"卡莎布兰卡"。该品牌主攻22岁到35岁年轻女性消费者，诠释都市女性清新、优雅的独特气质，传递时尚、自信的生活态度。2005年，该品牌在国内成功拓展店中店和专卖店200多家，被中国服装行业协会评选为"希望之星"。"卡莎布兰卡"品牌的成功，为"斯尔丽"多品牌战略的实施积累了宝贵的经验，更坚定了"斯尔丽"发展的信心。

此后，"斯尔丽"公司乘胜追击，适时推出初春、春末夏初、盛夏、初秋、深秋初冬、隆冬六个时段的"六季"女装，又抢到了不少市场份额。2004年至2006年，公司全揽"中国名牌""中国驰名商标""国家免检产品"等多项国家级最高荣誉，成为中国女装行业唯一一个"三冠王"企业。同时，在上海奉贤区奉浦工业园区置地近200亩，投资1.5亿，兴建一座现代化女装服饰工业园区。

2006年，对于"斯尔丽"而言是一个重要的转折年。中国女装行业正由过去的降价竞争模式，快速转变成款式、时尚、销售环境等综合因素的竞争模式，

"卡莎布兰卡"品牌标识

诸多高收入女性群体步入品牌消费、感性消费的行列，公司面临新的调整。

此后，公司总体运营思路朝着以品牌建设为中心，实现产品风格组合定位、产品质量、终端强化、物流速度、服务素质五方面提升。公司在产品风格上持续加大开发设计力度，彻底摸透市场，敏锐把握流行方向。产品质量方面，建立起一支高效的质量管理队伍，严格按标准执行。终端强化方面，进一步提升公司的卖场形象，确保终端卖场形象统一。物流速度方面，健全和落实物流快速反应机制，大力降低包括库存费用、运输成本和物流管理费用在内的物流成本。此外，继续重视服务质量，不断加强员工培训工作，在员工心目中树立以消费者为中心的服务意识，健全售后服务制度。

2007年至2008年，公司荣获"百佳诚信企业"称号，再获"中国名牌"称号，再获"中国服装品牌年度大奖提名"，蝉联"中国纺织品牌文化创新奖"，再次蝉联"全国服装百强"。"诚信、创新、协作、平等、效率、开放"的企业精神，助推"斯尔丽"公司跻身于世界名品服饰之林，也将引领"斯尔丽"公司走向更精彩的未来。

中国家纺行业领先者：罗莱家纺

　　每一个成功品牌发展的背后，都有不为人知的艰苦历程。"罗莱家纺"作为一家集研发、设计、生产、销售于一体的家纺行业销量领先企业，是国内最早涉足家用纺织品行业，并形成自己独特风格的家纺企业。在给无数家庭带来健康、舒适、美的家居生活的同时，"罗莱家纺"的发展历程也同样值得人们细细品鉴。

罗莱家纺门店

20 世纪 90 年代，我国纺织行业面临巨大转型，国有企业陷入泥淖的同时，民营企业轻装上阵，迅速突围。

薛伟成、薛伟斌兄弟二人出身于江苏南通一个工商世家。父亲最初拜师学医，而立之年赴上海经商，购置地产，事业有成。受父亲影响，兄弟二人借着改革开放的春风，1978 年就做起买卖，专门收购枕头枕套，拿到东北贩卖。1992 年，兄弟二人在一无厂房、二无品牌、三无稳定市场的情况下，投资 100 余万元，成立了南通华源绣品有限公司，主要生产床罩套件等系列产品。起初公司仅有员工 20 余名，场地设在一家单位闲置食堂，规模约 500 平方米。

缺乏品牌意识，是这一时期国内企业的通病。薛伟成看到其中的问题，但又感到精神文化对一个企业发展至关重要。带着疑惑，他第一次来到全球纺织业最发达的国度——意大利，希望在此找到灵感。当他步入威尼斯圣马可大教堂时，完全被它的神圣、典雅所震撼。教堂内色彩运用鲜艳强烈。最令他陶醉的，是教堂唱诗班献演的牧歌音乐，音乐创作者是 16 世纪文艺复兴时期著名音乐家奇普里亚诺·德·罗莱，管风琴曲和着悠扬的合唱，飘荡在空灵神圣的教堂里，宛若天籁。

献演结束后，教堂乐长的一席话打动了薛伟成。乐长笑着说：虽然自己对纺织是门外汉，但纺织绝对离不开艺术，它是一门生活艺术。艺术都是相通的，正如著名音乐家奇普里亚诺·德·罗莱的牧歌一样。艺术形式必须考虑人的感受，音乐家胸怀大众，所以无论是演奏人员，还是听众，都沉浸在音乐家营造的艺术境界里。任何事业，只要胸怀人类，就一定会成功。

听完乐长的这段话，薛伟成决心开创一个从消费者需求和感受出发的，追求生活艺术的家纺品牌。为纪念灵感获得的来源，以音乐家奇普里亚诺·德·罗莱的姓氏命名的品牌——罗莱家纺，于1992年9月诞生。

经过两年的苦心经营，公司取得发展，改名为南通罗莱卧室用品有限公司，并迁址到南通市区钟秀路。公司投资共200多万元，生产基地扩至8亩。从此，公司有了一块属于自己的"根据地"。同年，"罗莱"商标正式注册。

为在消费者心目中真正树立起"罗莱"品牌概念，薛伟成斥资38万元，请当时国内知名的广告公司为"罗莱"设计品牌标识。这在当时家纺行业可谓是超前之举，罗莱家纺成为行业的领先者和领跑者，迅速和其他家纺产品公司拉开差距。

1992年至1998年，公司进入发展的快车道，逐渐向连锁加盟转轨。1995年，成立江苏罗莱集团有限公司。1998年，罗莱在家纺行业率先引入特许连锁加盟经营模式，已建成遍布全国各大中城市、拥有千余家专卖店的销售网络。1999年，公司成立上海罗莱家用纺织品有限公司，总部也随之迁到上海。公司从原来单一的粗加工工厂，发展到集研发、生产、销售于一体的专业企业，研发系列达12种，品种有200多个。

进入21世纪，罗莱家纺在硬件设施上已达到甚至超过国外同行，

油画《纺织女》

但在研发设计上却难以突破模仿国外品牌的窠臼。薛伟成第二次远赴欧洲，此行目的就在于继续寻找民族品牌真正腾飞的灵感。

这次他去的是马德里普拉多美术馆。在那里，他观摩了欧洲17世纪大画家委拉斯开兹的油画《纺织女》。展馆柔和的光线与画中明暗光线的融合，展现出空前完美的境界。油画传达的是纺织女神阿拉克涅的故事。希腊神话中，美丽的吕底亚姑娘阿拉克涅，拥有一手高超的绣花织布手艺。但她却受到女神雅典娜的嫉妒，被贬为蜘蛛。最终，凭高超的纺织技术和坚韧不屈的精神品格，阿拉克涅被众神之王宙斯释放，并成为掌管天下纺织业的女神。

薛伟成领悟到，欧洲家纺延续百年不衰的主要原因，是其产品中蕴含着深厚的艺术内涵。回国后，他引入纺织女神阿拉克涅的神话故

上海罗莱家用纺织品有限公司
SHANGHAILUOLAI HOME TEXTILE CO.,LTD.

"罗莱家纺"品牌标识

事，将女神精湛的艺术修养和坚韧不拔的精神融入品牌基因，将欧洲风情和复古元素融入品牌设计。经此改变，"罗莱"品牌风格中多了一份时尚、浪漫、典雅和温和。

2000年至2003年，罗莱研发中心和营销系统相继迁至上海，借助国际化大都市的人才和信息优势，"罗莱"的市场拓展和研发水平实现了大幅跃升。公司销售额以平均每年60%的速度增长，2004年已位居同行业首位。

公司在全国发展了300多家连锁加盟商，600余家连锁店。为维护品牌形象和产品质量，公司对加盟商要求严格。一方面，要求加盟商具备充足的资金。另一方面，要求加盟商至少投入80%的精力在"罗莱"品牌上，在货物采购方面全部采取先付全款再给货的条款。当然，公司对加盟商也给予一些充满温情的优惠政策，比如免加盟费、免管理费、新品上市培训、不定期的全国巡回培训、终端销售标准化系统等。

自2003年开始，公司积极采取多品牌战略，进入多品牌发展阶段。此后，罗莱在持续提升"罗莱""SAINT MARC""罗莱KIDS""YOLANNA""LOVO""LACASA"等品牌的同时，还代理了澳大利亚"SHERIDAN"品牌、美国"DISNEY"品牌、英国"CHRISTY"品牌、意大利"ZUCCHI"品牌、葡萄牙"GRACCIOZA"品牌、意大利"MILLEFIORI"品牌等。企业产品的覆盖范围更广泛，弥补了家纺市场的空隙，也更好地满足了消费者的多样化需求。

2009年9月，罗莱家纺成功登陆A股市场，标志着罗莱的发展翻开了崭新一页。公司以渠道为基础，以品牌为灵魂，以创新为动力，以质量为保证，不断加强团队管理和员工队伍建设，管理质量和效益均有大幅度提升。

起步于南通，成长于上海，称霸华东地区，罗莱家纺依靠其优良的品质、独特的文化，强势"出圈"。"罗莱"品牌先后获得"中国著名畅销品牌""中国家纺协会床上用品知名品牌""中国 500 最具价值品牌""中国名牌"等，"罗莱"产品也先后获得"中国公认名牌产品""中国纺织针织品博览会金奖""上海名牌产品 100 强""国家免检产品"等荣誉称号。

老建筑与新创意

对于上一辈、再上一辈的人而言，上海纺织时代是一段令人回味的记忆。如今沿着苏州河，我们仍然能看到几处厚重宽大的老仓库，那是一个个代表着时尚、新潮的创意园区。为人所不知的是，它们原是 20 世纪二三十年代就开始机器轰鸣的、上海滩最古老的纺织厂。在它们近期颐之年，我们驻立跟前，不免肃然起敬。可是，你们知道每一处纺织历史建筑的前世今生吗？

章华毛纺公司与世博会建筑

美丽的世博园区曾是上海发展的见证，它向世界展现了上海日新月异的变化。时至今日，中华艺术宫矗立于浦东，偌大的世博园区，则成为集高端商务、文化、休闲为一体的大型商务区。人们不知道的是，这里原为一家近代著名纺织企业——章华毛纺公司。

章华毛纺公司始建于1906年，当时名为日辉织呢厂。1905年至1907年间，发展毛纺工业的呼声日盛，上海富绅樊棻、叶璋、丁维藩、熊定保等人上书两江总督端方，拟集股50万两，先收一半资本银25万两，遵照部定有限公司章程，在上海南市建设日辉织呢商厂，购办机器，自运湖州羊毛，织造毡呢。并公举当时候补四品京堂郑孝胥为经理。1907年开始筹建工厂，1909年开工。

辛亥革命后，日辉织呢厂被袁世凯收归政府所有。1926年，开滦煤矿公司上海售品处经理刘鸿生以增添煤炭码头的名义，购进日辉织呢厂的地基和厂房机器。刘鸿生将地基出售给开滦煤矿公司，又于1929年将厂房机器拆迁至浦东周家渡中华码头，创建纺织工厂，初名裕华毛绒纺织股份有限公司，后因与外地已注册的厂家同名，改名为章华毛绒纺织股份有限公司。自此以后，浦东周家渡地区与章华毛纺公司亦步亦趋，共同走过了60余年的岁月。

美丽的世博园区　　　　　　　　　　　　　　　昔日的章华毛纺织厂

　　1930年，章华毛纺公司正式开工生产。初建时有职工200余人，占地30余亩，资本80万元，不动产部分作价568400元。主要设备有粗纺锭1750枚，织机49台，生产驼绒、制服呢、军衣呢和羊毛毯等粗纺产品。

　　1932年，"一·二八"事变爆发，纺织市场萧条，产品生产和销售均受到影响。这一时期，公司亏损了近20万元。彼时，中国呢绒市场竞争激烈，日商采用跌价竞销的方式打压"章华"。1933年，章华毛纺公司暂停织造粗呢绒，积极参与到"提倡国货、抵制日货"运动中。

　　"九一八"一周年之际，章华毛纺公司以不忘国耻为由，推出以"九一八"为品名的薄哔叽。产品风靡一时，销路甚畅。1934年，章华毛纺公司日产哔叽 70 匹左右，年终获利 10 万银圆。之后，陆续增添日式织机 70 台、德式精纺机 2000 锭、法式精纺机 2000 锭，同时对染整设备进行更新改造，填平补齐。在刘鸿生的努力下，章华毛纺公司拥有毛纺锭 6000 枚、毛织机 130 台以及齐全的染整设备，成为当时机制毛织业中规模最大，且唯一能自己供给呢绒原料织成产品的厂家。

1937 年 8 月 13 日，日军进攻上海，章华毛纺公司旋即停工。刘鸿生将设备迁往租界，在白利南路（今长宁路）和海格路（今华山路）分设二厂，继续从事生产。章华毛纺公司原厂则于 1939 年被日军占领，生产军用毛毯。1941 年，日军进驻租界，章华毛纺公司下属两个分厂均被查封。次年 12 月，章华毛纺公司被迫与上海纺织株式会社合办，定名为上海制绒株式会社。

抗战胜利后，刘鸿生收回章华毛纺公司，将浦东工厂改名为章华毛绒纺织一厂，两个临时工厂分别改为二厂、三厂。复工后，工厂一度因原料紧缺，生产陷入困境。刘鸿生利用自己担任行政院善后救济总署执行长兼上海分署署长之便，先后捷足购得救济羊毛 50 万磅，开足马力生产。1948 年呢绒总产量达 67.7 万码，是 1936 年的 2.8 倍。上海解放前夕，该厂总经理程年彭、襄理华尔康抽取资金 200 万美元，出走台湾转至香港，导致企业资金短缺，生产再度陷入困境。

1952 年 6 月，章华二厂、三厂并入章华一厂集中生产，7 月改名为章华毛麻纺织股份有限公司。1954 年 7 月 1 日，章华毛纺公司率先在毛纺行业中实行公私合营，成为上海毛纺织工业中第一家公私合营企业。1955 年至 1956 年，正大等毛纺企业先后并入，职工增至 2060 人。

进入 20 世纪 80 年代，章华毛纺织厂由生产型逐步向生产经营型转变。1980 年，成立企业产品自销经营小组，实施技术、计划、财务"三堂会审"的产品择优制度，以及以降低成本、加速资金周转为核心的三级经济核算制度，走出一条以市场为导向、技术与经济相结合的生产经营新路子。1980 年至 1982 年，工厂创利税高达 8015 万元，居全国毛纺行业税利大户之首。1985 年，成为全国毛纺行业第一家出口商品质量认可厂。

1986 年 1 月，章华毛纺织厂改组为上海章华毛纺织公司，实行董事会领导下的经理负责制。公司成立前后，在上海嘉定、浙江宁波等地联营设立章华嘉西联营毛纺织公司、宁波章华毛纺织联营厂、宁波章华西服厂、宁波章华呢绒商店。1991 年 12 月，章华毛纺织公司等六家浦东开发区的纺织企业组成实体性的上海八达纺织印染服装公司。至次年末，公司拥有职工 3000 人，占地面积 60697 平方米，建筑面积 39434 平方米，固定资产原值 6219.5 万元，净值 4205.4 万元，拥有纺锭 10608 枚、织机 133 台及相应配套的染整设备，工业总产值 11008 万元，利税 1026 万元，出口创汇 107 万美元。

1992 年，章华毛纺公司走完了它的岁月，并在浦东留下了近代企业家心怀祖国的广阔情怀。2010 年，世博园区在章华毛纺公司曾经奋斗过的地方拔地而起。2020 年，世博园区成为浦东重要商业综合体。一幕幕的变迁，章华毛纺公司向世人展现着中国不断发展、砥砺前行的决心，更让世界看到中国的变化和力量。

荣氏"三新公司"与美豫投资集团

位于黄浦区江西中路 421 号的三新大厦是上海市优秀历史建筑，这里曾是荣氏企业总部大楼。1921 年，荣氏兄弟于江西中路 421 号成立茂新、福新、申新总公司，建立荣氏企业集团。坊间称之为"三新公司"，其开设地点被称作"三新大厦"。

荣氏企业是近代民族工业的代表，也是规模宏大、实力雄厚的民族企业集团。荣氏兄弟素有"棉纱大王""面粉大王"之称。

1903 年至 1915 年间，荣宗敬、荣德生兄弟于上海陆续成立茂新面粉公司、福新面粉公司、申新纺织公司。纺织成为荣氏家族商业版图中的重要部分。申新一厂建立之初，仅有 1.3 万枚纺锭。1914 年第一次世界大战爆发，帝国主义无暇顾及中国，荣氏企业借此间隙快速发展。1917 年收购上海恒昌纱厂，两年后扩建为申新二厂。1919 年，申新公司已有纺锭 2.6 万枚。此后，荣氏又于无锡建立申新三厂，在汉口建立申新四厂。

1920 年至 1930 年，是荣氏企业的全盛时期：申新纺织公司共有纺锭 53 万枚，占全国纺锭 19.9%；织机 5357 台，占全国布机 28.1%；资产总值达到 6898.6 万元。荣氏家族通过并购、自建、租办等方式，将纱厂扩大到 9 家。福新面粉公司亦成为上海面粉工业中影响最大的

茂新、福新、申新总公司

企业。至 1921 年荣氏投资开设 12 家面粉厂，占了全国民族资本面粉厂的生产能力的 31.4%。

　　然而好景不长，"九一八"事变爆发后，日本商品大量倾销，华商纱厂销量锐减，申新公司出现经营危机。彼时，一件纱市场只售204 元，而申新公司生产成本高达 218.33 元。成本居高不下致使申新公司商品大量积压，负债达 6375.9 万元。而后债主逼债，银行终止贷款，申新纺织公司摇摇欲坠，大厦将倾。

　　外忧内患的情况考验着荣氏兄弟的决心和智慧。1934 年，荣氏集团濒临破产，只能向国民政府实业部请求帮助。在此困难之际，国民政府实业部部长陈公博欲将申新纺织公司收归国有，让荣氏退出经营。7 月 8 日，实业部发出《申新纺织公司调查报告书》，以整理为名，以 300 万元为代价窃取荣氏集团千万资产。荣宗敬据理力争，致

申新一厂

申新一厂的细纱车间

函蒋介石指责实业部处事不公，又动用自身人脉江苏同乡吴稚晖出面活动。几经波折，荣氏集团危机暂时平息。

一波未平一波又起，日商觊觎申新已久，见荣氏无力偿还借款，便怂恿汇丰银行强行拍卖申新七厂。荣氏听闻此事，连续三日在《申报》发文驳斥。申新职工团结一心，誓死不从。一时间，舆论纷起，声援之声响彻工商界。汇丰银行慑于舆论与民心，只能作罢此事，取消拍卖。

不久，淞沪会战爆发，杨树浦、周家桥等地遭日军轰炸，申新一、五、六、七、八厂地处战区，损失惨重，申新八厂几乎全毁。荣氏企业遭受重创。战争期间，交通不畅，棉纱和面粉均难以运输，企业亏损与日俱增。荣氏兄弟具有强烈的爱国热忱，积极投身抗日救亡运动。荣宗敬在企业内部解聘日本技师，招收被日本纱厂辞退的中国员工，安排无锡申新三厂向前线捐赠大量物资，将申新五厂借予国民党部队驻扎，向社会各界募集捐款，以支持抗战。

此时的荣氏兄弟处境危险，日伪当局尝试拉拢强迫二人，并许以要职。此时的荣氏企业站在国仇家恨与商业利益之间，他们选择了前者。荣德生被汉奸纠缠，乔装逃离无锡，暂居汉口。荣宗敬也悄悄离开上海远遁香港，未久便因心力交瘁，黯然离世。荣宗敬本以为可在战争结束后回到三新大厦，但天不遂人愿，这一去，便是永别。

抗日战争结束后，荣德生回到上海，准备完成兄长未竟之业。然而在其踌躇满志之时，竟遭遇两次绑架，又被国民党特务头子勒索。屡遭不幸的荣德生身心俱疲，只得无奈长叹。新中国成立后，上海各厂代表重新整合，成立上海申新纺织厂管理委员会，荣德生被选为主席。然而荣氏家族大多移居海外，加之行到末年，荣德生也回到无锡，颐养天年。1952 年，荣德生病逝，留下遗言，命荣氏子弟为祖国出力，积极生产。

1956 年，荣德生之子荣毅仁将自己的商业"帝国"无偿交给国家，为新中国的工业振兴做出了卓越贡献，在海内外华人中赢得了普遍的尊重。次年，荣毅仁出任

三新大厦今貌

上海市副市长。1959 年，任纺织工业部副部长。1979 年，在邓小平的倡导和支持下，荣毅仁创办中国国际信托投资公司，并出任公司董事长。在荣毅仁的带领下，中信集团践行工贸结合、技贸结合，运用外资，从事生产、技术、金融、贸易和经济技术服务。作为中国第一家金融业控股公司，中信集团在诸多领域进行了卓有成效的探索与创新，为中国改革开放和现代化建设事业做出了重要贡献。1993 年，第八届全国人民代表大会第一次会议选举荣毅仁为中华人民共和国副主席。荣氏家族继续在新中国政治和经济生活中扮演重要角色。

时至今日，荣氏家族几代人的爱国热情还在续写，荣氏亲属遍布海内外，从事工商、科技、文教等行业，是华人中的翘楚。

三新大厦兴建于荣氏兴旺之际，见证了荣氏企业的兴衰，更是中国民族工业发展的缩影。它屹立在苏州河畔，向世人诉说着荣氏家族发展实业，兴国、护国、荣国的爱国主义精神。如今，三新大厦更在金融领域发挥着它的能量。2019 年，美豫投资集团进驻三新大厦，传承百年荣耀，在新时代为三新大厦的历史续写辉煌。

上海第二十七棉纺厂与老白渡滨江绿地

老白渡滨江绿地是欣赏浦江两岸风光的好去处，也是市民休闲的理想场所。它位于浦东新区的黄浦江沿岸，北至张杨路，南至塘桥新路，总面积 8.9 万平方米，岸线长 1018 米。可是你知道吗？它曾经是上海第二十七棉纺厂和上海港最大的煤炭装卸区（上港七区）的旧址。

老白渡滨江绿地

上海第二十七棉纺厂的烟囱

　　这里保留了大量旧码头遗迹和工业文化元素。其中，原码头系缆桩、高架运煤廊道、煤仓、链斗式连续装卸船机、带门座起重机轨道，都得以留存。广场还利用废旧材料制造了坐凳、花箱等设施，重塑了煤斗、铁锚、抓斗等器械。这些码头遗迹和工业原色的保留和重塑，使老白渡滨江绿地具有鲜明的工业文化特色。

　　老白渡滨江绿地与上海纺织渊源颇深。上海第二十七棉纺厂的烟囱伫立在这里，似乎正在向游客诉说着自己不平凡的历史。该厂曾位于杨家渡北草泥塘 103 号，又称国棉二十七厂。它的前身是鸿丰纱厂。

　　鸿丰纱厂创办人为荣宗敬之子荣鸿元。抗日战争胜利后，荣鸿元

夏夜的老白渡滨江绿地

利用申六、申七的资金，与宋子文联合收购隆茂栈。隆茂栈原是上海最大的堆栈。荣鸿元利用隆茂栈之地，在此处创办鸿丰纱厂。其中，一厂在杨家渡，创办于 1946 年 1 月，3 月正式开工，纱锭 24000 枚。二厂在陆家嘴，创办于 1947 年 2 月，创办初期拥有纱锭 11000 枚。

鸿丰纱厂创办之时，机器多是从申六、申七搬来的旧机器。其中，阿杀利司 18 台，7200 锭。小牵伸 8 台，后改为大牵伸，3360 锭。又向安乐纱厂购买小牵伸 30 台，13440 锭。在荣鸿元的经营下，鸿丰纱厂规模不断扩大。

1955 年 9 月，鸿丰纱厂实行公私合营，改名为公私合营鸿丰棉纺厂。1966 年 10 月 1 日，该厂转制为全民所有制，更名为上海第二十七棉纺厂，固定资产 2300 万元，职工 2000 余人。该厂曾是上海地区唯一生产中长纤维的企业，连续两年被纺织部评为"国家二级计量合格企业"，1988 年被评为国家二级企业。

上海第二十七棉纺厂注重提高产品质量，不断强化质量管理和企业管理水平，大部分产品都曾荣获"国优""部优"称号。该厂生产的"双羊"牌涤黏中长机织、针织用纱线、涤麻、涤毛、涤业混纺纱线、各色色纺纱线和"三九"牌膨体重粗绒线、开司米等产品选料讲究，工艺先进，品质精良，系列齐全，深受国内外用户欢迎。

时至今日，随着上海产业结构调整，国棉二十七厂已变成老白渡滨江绿地。但历史需要铭记，从国棉二十七厂的变迁中，我们能够感受到上海纺织精神的传递。它如同连绵不断的黄浦江，见证着上海纺织奋斗、进取的精神。

上海春明粗纺厂与 M50 创意园区

M50 创意园区位于苏州河南岸半岛地带的莫干山路 50 号，占地面积约 41 亩，建筑面积 41606 平方米，拥有自 20 世纪 30 年代至 90 年代各个历史时期的工业建筑 50 余幢。它是远近闻名的文化艺术园区，也是上海重要的民族工业建筑遗存。而不为人知的是，这里是苏州河畔目前仅存的、保留最完整的纺织厂。纺织与艺术，这两个看似平行的行业在苏州河畔交汇，成为一段鲜为人知的往事。而这里的故事要从 1937 年说起。

1937 年卢沟桥事变后，民族企业家周志俊将其青岛华新纱厂的部分设备迁至上海苏州河畔，择址莫干山路 50 号，以英商名义购地建立"英商信和纱厂"。1938 年 4 月，信和纱厂正式生产一年未到，已有纱锭 3000 枚，织机 200 台，职工 1000 余人。太平洋战争爆发后，信和纱厂被日军接管。1944 年，周志俊用巨款赎回纱厂，并于 1945 年 10 月全面复工。

上海解放初，上海花纱布公司为照顾私营厂，委托信和纱厂代加工棉纱。因 500 件棉纱的订单仅交货 200 余件，信和纱厂失去花纱布公司信赖。此后厂方高价买棉自纺自销，但终因负债累累，资金枯竭。

M50 创意园区

1950 年，信和纱厂向上海市政府申请公私合营，后经华东纺织管理局批准，定名为公私合营上海信和纱厂。合营后，信和纱厂承接为花纱布公司代纺棉纱业务，并织制少量白坯布。1952 年至 1956 年间，该厂积极推广"粗纱工作法""郝建秀工作法""五一织布工作法"及"五三保全工作法"，并推行作业计划，建立各种生产责任制，企业管理水平获得显著提高。

1960 年 10 月，受自然灾害影响，原棉紧缺，上海市纺织工业局根据中央关于压缩棉纺企业增产毛纺织品精神，确定该厂改建为粗梳毛纺织厂，更名为公私合营上海信和毛纺织厂，划归上海毛麻公司领导。此后，信和毛纺织厂先后试用野生纤维，将麻落棉、胡麻、兔毛与棉混纺，成功研制 37 个品种，其中投入批量生产的有 6 个品种。1961 年 9 月，工厂利用棉纺设备试纺 60 支羊毛纱获得成功。1962 年开始，工厂全面进行棉纺改毛纺工作，采用边改建边投产原则，投资15 万元，辟建染整车间，增添 15 台染整设备，产品由起初的纱毛呢一个品种，先后发展到春秋呢、海力斯、粗毛呢等 60 个粗纺呢绒产品。1964 年，又采用国毛、聚丙烯腈等 7 种原料试制成功提花毯、格子毯等 10 余种毛毯，增加了新的大类品种。1965 年，试制成功混纺黑炭衬、立绒女式呢、提花呢、仿麻呢等产品，填补了国内该纺织领域的空白。

1966 年 10 月，信和毛纺厂更名为国营上海第十二毛纺织厂，后定名为上海春明粗纺厂。1967 年，春明粗纺厂与上海纺织研究院合作进行气流纺纱研究。1972 年，腈纶毛型中长纤维气流纺纱研制工作

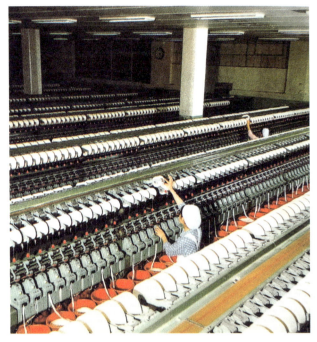

气流纺纱车间

获得成功。1973 年，又开始研制簇绒产品，自行设计制造簇绒机和滚绒机，试制出彩色簇绒毯，在全国毛纺会议上通过鉴定，获得好评。1975 年 8 月，组建簇绒毛毯车间，当年生产腈纶簇绒毯 200 余条，上海春明粗纺厂成为国内最早生产该产品的厂家。

从 20 世纪 60 年代到 90 年代，春明粗纺厂曾多次获得国家级奖项，《解放日报》曾专门报道该厂艰苦奋斗的光荣事迹。该厂生产的虎纹毯和双面滚球毯、双面立绒毯达到国际水平，红边麦尔登被纺织部列为名牌产品，"孔雀"牌呢绒、"红蝙蝠"牌呢绒、"金羊"牌毛

M50 创意园区保留的上海春明粗纺厂的遗迹

毯更享誉全国。

　　1988 年开始，毛纺织品市场出现疲软，春明粗纺厂经济效益下滑。1999 年，该厂员工 1200 人，负债 8700 万元，大量商品积压，工厂丧失生产能力。12 月，根据上海纺织产业结构调整的需要，春明粗纺厂全面停止纺织品生产。为防止国有资产流失，春明粗纺厂决定依靠便利的地理位置，出租厂房，维持企业，引进 100 家商户。

　　2001 年 6 月 28 日，为推动生产型服务业发展，通过市经委的规划，春明粗纺厂转型建设都市型工业园区。2002 年 2 月 5 日，上海春明都市型工业园区挂牌成立。2004 年，春明工业园区引进大量软件设计公司、品牌策划公司、三维平面设计公司、艺术中心、画廊，吸引艺术家纷纷入驻，形成了以文化创意为特色的文化艺术园区。2004 年 9 月 14 日，春明工业园区正式更名为"M50 创意产业园"。

　　如今，已有 20 余个国家、地区和十多个省市的近 140 户创意设计公司及艺术家、摄影家、高等艺术教育工作室以及各类文化创意机构入驻 M50 创意产业园。其中，香格纳画廊、艺术景画廊、比翼艺术中心、东廊艺术、劳伦斯画廊等均是国内具有举足轻重地位的现代

M50 创意园区内的工业遗迹

艺术画廊。上海大学 99 艺术中心、复旦大学美术学院等也是 M50 创意产业园的重要客户。在入驻企业的选择上，M50 始终遵循园区定位，有针对性地引进在文化创意领域有影响力的机构。这些机构的入驻营造了苏州河畔浓厚的艺术创意气息，吸引了众多国内外的收藏家、媒体、知名人士、艺术爱好者、市民和游客，更培育出在国内外皆有影响力的现代艺术品交易市场。

从纺织厂到创业园区，春明粗纺厂的变迁是上海纺织产业转型与改革的重要实践，更是在社会经济变革下上海纺织业寻求自我更替和变革的能动翻页。上海春明粗纺厂经营的 M50 创意园区已被上海纺织控股（集团）公司纳入时尚产业板块，是上海纺织工业实施"科技与时尚"发展战略的重要力量。

上海第八棉纺织厂与半岛 1919 创意园

半岛 1919 创意园，由上海纺织控股（集团）公司和上海红坊文化发展有限公司打造，位于上海市宝山区淞兴路 258 号，占地面积 120 亩，建筑面积 7.3 万平方米，投资 2 亿元。这里地理位置优越，西临吴淞大桥，南临蕴藻浜、黄浦江交汇处，靠近素有"浦江第一眼"风景之称的吴淞口，与周边的历史人文资源一同形成滨江景观带，是公共生态环境建设和现代服务业发展的沃土。

半岛 1919 创意园的名字颇具特色，也和纺织行业密切相关。该园区由上海第八棉纺织厂旧址改建而成，至今仍完好地保存了上海第八棉纺织厂在不同历史时期建造的各式建筑。而上海第八棉纺织厂始建于 1919 年，这也是半岛 1919 创意园名称的由来。

1914 年第一次世界大战爆发后，中国民族工业迎来飞速发展的黄金时期。1919 年 6 月，民族资本家聂云台、聂其焜等看准有利时机，以振兴实业、挽回利权为目标，发起筹建以中国人资本建设的、规模足以与外国资本金抗衡的纱厂。为长中华志气，工厂定名为大中华纺织股份有限公司（简称"大中华纱厂"）。1922 年 4 月，大中华纱厂正式开工。1925 年 1 月，大中华纱厂因经营不善，资金周转困难，不得已转卖给郭乐、郭顺兄弟的永安纱厂，改称永安二厂。新中国成立

半岛 1919 创意园

半岛 1919 创意园

大中华纱厂及华丰纱厂旧址保护标志

后，永安二厂经过企业改制，成为公私合营永安第二棉纺厂。

1920 年，在大中华纱厂建立的同一时期，聂云台连同王正廷、张英甫发起筹建华丰纱厂，资本 100 万银圆，纱锭 15000 枚。1921 年 6 月 11 日正式开工，专纺 14 支、16 支及 20 支纱。为扩大利润，该厂扩充纱锭 10000 枚。但此时纱布市场不景气，工厂资金周转困难。1926 年，聂云台等人不得不将纱厂租卖给日资企业日华纺织株式会社，改称日华纺织株式会社第八厂。1931 年，改称日华纺织株式会社华丰工场。1934 年，称日华纺织株式会社吴淞工场。后因战乱，该厂遭受轰炸，纺织设备损失巨大。抗战胜利后，该厂由经济部接收，改称中国纺织建设公司上海第八纺织厂。1950 年，改制为国营上海第八棉纺织厂。

1958年，公私合营永安第二棉纺厂、国营上海第八棉纺织厂合并组成国营上海第八棉纺织厂。经两次扩建，引进设备，发展成为上海市纺织工业局所属全民所有制大型企业，专业生产纯棉和涤棉纱、线、布，是上海纺织系统大型企业之一。

1987年，上海第八棉纺织厂有职工9881人，纱锭158872枚，布机1728台，具有先进水平的全套纺纱设备和先进的测试仪器，固定资产15472.5万元。年产棉纱22600吨，棉布5400万米，1987年完成总产值19168.5万元，实现税利2353.79元，出口创汇1550.8万美元。1995年，上海第八棉纺织厂登上世界纺织技术的巅峰，成为全国纺织行业中名副其实的"高支王国"。

然而，随着社会经济的不断发展和城市区域功能的不断转型，上海第八棉纺织厂面临着传统产业衰退、经济发展乏力、竞争力下降等问题。在纺织行业产业结构调整和2010年世博会的双重影响下，老工业基地的保护与转型是该厂面临的新发展机遇。上海纺织控股（集团）公司决定对该厂地块进行再开发，半岛1919创意园应运而生。

半岛1919创意园在传承纺织文化、发扬纺织精神方面发挥重要作用。园区内保留了纺织机、传送轨道、钟楼等具有传统纺织特色的元素，部分建筑更是被评为优秀历史建筑，受到有关部门的保护。这些工业遗迹是记录中国民族纺织工业发展历史的"活化石"。同时，面对时代的发展和上海产业调整的大政方针，半岛1919创意园区将艺术、文化与工业相结合，建设国际化的文化艺术创意园区。

上海第十棉纺织厂与东方明珠广播电视塔

　　作为上海的地标性建筑，东方明珠广播电视塔耸立于黄浦江畔，象征着上海发展的速度和高度，更是上海对外宣传的重要窗口。而不为人知的是，东方明珠广播电视塔，与上海纺织也有着极深的渊源。为了落实东方明珠的建设工作，上海第十棉纺织厂、上海麻纺厂和上海毛麻公司三家单位将地块出让，为上海城市建设做出贡献。支撑东方明珠塔的三只"脚"有两只就落在这些地方。上海毛麻公司筹办于1954年，上海麻纺厂筹建于1979年，而今天的主角上海第十棉纺织厂的历史则更为悠久。

　　上海第十棉纺织厂位于浦东西北部，黄浦江以南，浦东公园以东，地址是烟台路39弄20号。该厂前身是英商纶昌棉纺织厂。1931年，英商纶昌纺织漂染印花有限公司为解决印染厂坯布来源，投资695万银两，在浦东陆家嘴购置土地80余亩，筹建纶昌纺织厂。1933年底开始投产，当时有纱锭30260锭，线锭3640枚，织机964台，职工1800人，并配有发电设备。该厂主要生产印花麻纱坯布、染色细布坯布、印花斜纹坯布和10支、21支棉纱、线。纱线用"双灯"牌等商标，布匹用"七玫瑰"牌等商标。坯布除供应本公司所属纶昌印染厂（现上海第三印染厂）外，还远销香港及东南亚市场。1937年

与上海纺织有着极深渊源的东方明珠广播电视塔

璀璨的东方明珠

"八一三"事变爆发后，纶昌纺织厂被迫停工。数月后，该厂重新开工，使用进口原棉，产品见俏，盈利甚厚。其间，进一步扩充设备。1939年，该厂锭增至4.4万枚，织机1130台，然而工人却因不堪忍受英商的残酷剥削和压迫而罢工，持续6个月，轰动一时。

1941年太平洋战争爆发后，日军强行关闭纶昌纺织厂。该厂职工遭到解散，机器被破坏或劫走，客户栈存和公司库存之布也被洗劫一空。抗日战争末期，日军为躲避美机轰炸，将日商公大纱厂的机器迁至纶昌纺织厂。1945年日本投降，公大纱厂的设备即抵作纶昌战时的损失，工厂复业。1945年底，厂内拥有纺锭3.02万枚，织机964台，发电设备4000千瓦。上海解放后，纺织专家陆绍云为纶昌纺织厂第一任中国厂长，制定一系列生产经营规章制度，改善生活设施和生产环境。

1956年3月22日，纶昌纺织厂经过办理转让手续，由上海市人民政府接管，改为国营上海新华棉纺织厂。该厂试制高难织物38英寸40×40支、131×71支纱府绸取得成功，为国内首创，并一举打入亚洲市场。1958年1月，公私合营大安纱厂并入。同年10月，改名上海第十棉纺织厂，有纺锭4.1万枚，线锭4340枚，织机964台，职工3503人。主要产品有21支、40支、44支棉纱和40×40支府绸及40×44支细布等。

上海第十棉纺织厂曾代表上海棉纺织的高端水平，产品畅销国内外，更为上海的发展和繁荣做出了贡献。1986年，该厂生产的103防燃细布荣获年度纺织工业部"优质产品"称号，"宝莲灯"牌38英

40×40纯棉府绸坯布荣获上海市"优质产品"称号，47英寸40×40纯棉府绸坯布荣获市对外经济委员会、市经济委员会和市进出口商品检验局优质出口商品铜牌奖。1990年，该厂被评为国家二级企业。

1992年，为配合浦东陆家嘴金融贸易区开发，整厂动迁，旧厂区成为东方明珠塔底的一部分。

上海纺织博物馆

20 世纪 90 年代，上海作为国际化大都市，功能定位面临转型，劳动密集型企业不再适宜上海建立国际贸易和金融中心的城市定位。作为传统工业的纺织产业，不可避免进入调整的范畴。历史需被铭记，为了让后人更好地了解上海纺织曾经的辉煌和成就，上海纺织工业局（今上海纺织控股集团公司）全额出资，耗时 6 年 5 个月，建立

上海纺织博物馆

上海纺织博物馆。

上海纺织博物馆位于苏州河南岸的澳门路 150 号，原是上海申新纺织第九厂，前身是上海机器织布局。1889 年，上海机器织布局在杨树浦路 87 号成立。1893 年，上海机器织布局失火，工厂烧毁，损失惨重。1894 年，盛宣怀在此主持筹建华盛纺织总局。1931 年，被荣宗敬、荣德生兄弟收购。两年后，因土地使用权到期，从杨树浦搬到了澳门路，定名为申新九厂。澳门路见证了上海近代纺织的发展，上海纺织博物馆在此建立。

上海纺织博物馆户外展示面积 1500 平方米，室内展示面积 4480 平方米。博物馆内设一厅四馆。

"序厅"层高 10 米，面积 400 平方米。该厅气势恢宏，将上海纺织业的历史变迁集中展现。进入序厅，一段长细条地板，将观众引向主题墙。这里的木地板有百年历史，是 1919 年上棉八厂前身细纱车间的车弄地板，具有消音降噪的功能。主题墙上，一组名为"经纬春秋"的浮雕，表现了古代、近代、现代、当代、未来的纺织景象。

整个序厅充满纺织元素，头上是一万多根光纤灯束，厅中有三根方柱，被麻绳包裹，分别编织出平纹、斜纹和缎纹，这是三种梭织面料的基本织法。主题墙外侧是两面青铜色的文字墙，错落排列许多汉字，多以衣字为旁，字义均与纺织、面料、服饰有关，凸显着纺织与社会生活的关系。

"历程馆"约 700 平方米，通过大量史料，演绎上海纺织的千年文化，浓缩了从古至今纺织行业的兴衰史。该馆主要介绍远古时代上

申新九厂
细纱车间

申新九厂
织布车间

海纺织的起源与发展、近代上海机器纺织业的创始与兴起、旧上海纺织工业的繁盛与屈辱、新中国上海纺织的支柱作用与辉煌业绩、新时期上海纺织的改革开放与第二次创业、未来上海纺织引领科技与时尚的展望。

该馆通过沙盘的方式描绘出上海纺织企业鼎盛时期的状况：471家企业星罗棋布，55万纺织行业从业者，代表着当时纺织企业在工业中的重要地位。在展示1992年纺织工业改革的历程时，该馆采用大量写意的方式，利用寓意深刻的雕像，使观众对当时纺织工人从迷茫到新生的过程感同身受。

馆内珍贵文物随处可见，有旧石器时代晚期的骨针、三星堆出土的脊骨白玉纺轮以及红山文化和马家窑石器的陶罐。这些文物细密精巧，虽然经过千年，仍可见其工艺精湛之程度。各式织布机、各色服饰陈列于此，诉说着上海纺织从古到今的发展轨迹。

"科普馆"主要介绍纺织工业的新材料、新工艺、新技术、新产品，陈列着各种各样新型功能性纤维，以及上海纺织的各种专利产品，是全国科普教育基地。风格上，该馆运用纤维面料、工业链条，馆前有一面墙，墙上镶嵌巨大的纽扣和飘带。内容上，各种先进的纤维、各式缤纷的面料，完整产业链在这里集中展示，纺织产品广泛的应用空间令人大开眼界。值得一提的是，该馆陈列了"神舟七号"宇航员翟志刚穿过的价值380万元的训练服。馆内还设有互动游戏，考验游客对于纺织历史与技术的了解。

"专题馆"约750平方米，主要展示"海派"京剧和昆曲戏服、

上海纺织博物馆展品

海派旗袍、婚纱等与纺织相关的展项。该馆拥有一百多套"海派"京昆戏服，多为文物级别。这些戏服皆为真金白银所制，件件价值连城。其中有梅兰芳的戏服、周信芳的衣箱、昆曲泰斗俞振飞穿过的富贵衣，每件价值都在 500 万元以上。

"撷英馆"约 600 平方米，通过历史照片、物件，以情景再现的方式展现了纺织行业历史中的重要人物如黄道婆、李鸿章、荣宗敬等。馆内珍贵展品颇多，其中最昂贵的展品，是 1878 年李鸿章等人在筹建上海机器织布局时所用的一条长桌和 12 张靠椅。桌椅皆是西洋款式，用进口柚木打造。每张椅背上却用徽派雕刻雕满了封神榜、牡丹亭等故事。另外，该馆还收藏了黄母祠中的物品，主要有太湖石雕刻的"黄母祠"门墩、三锭纺车和一批批宽幅布匹。这些展品再现了黄道婆织布的场景。

"撷英馆"带观众重新回顾上海近代纺织历史，等比例还原了近代上海老布庄的场景，200多张纺织商标包装纸集锦，留下了"培罗蒙""三枪""古今"等老字号当年的印记。此外，还展出了不少当年外商开办的各类纺织厂资料，如美国鸿源纱厂、德国瑞记纱厂和日本上海纺织株式会社等。还有革命时期的地下党员顾正红，和新中国成立以来纺织系统涌现出的163名劳模，这些光荣篇章都在馆中全面呈现。

如今的上海纺织博物馆，已经成为上海市爱国主义教育基地、全国纺织精神文明建设示范基地、全国科普教育基地、上海市工业旅游基地、申九"二二斗争"革命纪念地。上海纺织博物馆通过实物、资料、场景、图文、模型、多媒体等方式，展示上海地区纺织业发展的历史文脉。它的辉煌业绩与波澜壮阔的改革历史，都见证着上海这座城市迎难而上、奋发图强的精神品质。

结语：
纺织精神
永放光芒

　　上海纺织行业承载了一个多世纪的辉煌，织布机的轰鸣声仿佛在诉说着纺织工业宏伟的篇章。上海的纺织精神就是全体纺织从业者在工作中形成的一种拼搏、创新、奉献的精神品质。

　　新中国成立前，荣德生、张謇、聂云台等一批实业家兴办纺织厂，践行"实业救国"的理念。他们希望通过发展纺织行业来打破帝国主义对中国的经济和工业的压迫。面对英美日等强国，他们没有退缩和畏惧，依然凭借着一身爱国豪情，在挫折和探索中艰难前行。而后，雷炳林、朱仙舫、汪孚礼等一批纺织科学专家为实现纺织生产的机械化、技术化，不断钻研创造，成功发明出一批先进的纺织器械及纺织品生产方法。彼时，实业家和科学家是纺织精神的代表，他们从实业、科学等领域探讨救国方略，将纺织行业与国家存亡紧密相连，他们的精神是纺织精神的雏形。

　　新中国成立后，以黄宝妹、裔式娟为代表的一批劳模继续书写纺织精神。他们勇于创新，争当先进，用榜样的力量激励着千千万万的普通劳动者。他们几十年如一日，坚守岗位，走在劳动人民的前列，在工作和生活中发挥了先锋模范作用。他们的加入使纺织精神逐渐丰富。

无论是实业家、科学家，还是劳动模范，他们都有着相同的品质。在国家面临困境、危难的时候，挺身而出成为时代楷模。这种精神随着纺织产业的发展，传承至今。

从 20 世纪 80 年代后期起，由于上海城市功能的变化和周边纺织业的快速发展，上海纺织行业进入艰难的调整时期。上海纺织控股（集团）公司党委曾指出，推进两个文明建设，关系到传统的纺织业能否实现重组，继而融入上海这一现代国际大都市行列。这一时期，上海纺织从业者迎难而上，树立改革意识，团结职工进行社会主义市场经济条件下的第二次创业，并取得了丰硕成果。调整老企业 169 户，压缩初级加工能力 20.5%，职工总数从 55 万减至 35.39 万，出口创汇连续 4 年递增 30% 以上。

新世纪以来，以周勤之、孙晋良、俞建勇为代表的新一代纺织科学专家继承了上海纺织精神，以卓越的科研成果，促进纺织行业的发展与腾飞，以爱国、工匠、创新为内容的纺织精神最终形成。如今上海纺织业，坚持"科技与时尚"战略，进入全国布局、海外发展、整体实力领先行列，成为技术密集型、智力密集型、资本密集型、高端人才密集型、服务密集型和创新密集型的都市产业形象代表，成为上海城市的一张新名片。正如上海纺织（集团）有限公司党委书记兼董事长童继生所言，上海纺织（集团）有限公司已成为集先进制造业与现代服务业为一体，以时尚产业、健康产业和供应链服务为核心主业的大型综合型企业集团。

经过产业转型、短暂阵痛，中国重新成为全球纺织品出口第一大

国，同时也是世界最大的纺织品生产国和消费国。改革开放四十多
年，纺织业经过了从弱到强的过程，纺织工业总产值更是增长了 140
多倍。这其中，上海纺织一直是营收大户，常常是中国纺织出口的
"领头羊"。东方国际（集团）有限公司与近 200 个国家和地区有着贸
易往来。2019 年，"三枪"品牌首次走出国门，登上纽约时装周的世
界级秀场，展现了引领国际时尚的"国潮"风采，成为"中国制造、
中国设计、中国创造"的全球化品牌代表。上海纺织，仍然是全国纺
织业的重镇之一。这一切饱含了上海纺织人的智慧与心血，体现了上
海纺织从业者的爱国精神和优秀品质。

纵观历史，上海纺织从业者具有三种优秀品质。

首先，强烈的爱国心。上海纺织产业发展至今，责任感是根植于
上海纺织从业者灵魂中的优秀品质。一代代劳模、实业家和科学家，
均以振兴纺织为己任，以厂为家，以产业进步为目标。上海纺织从业
者具有强烈的责任感和使命感，重视国家利益和集体荣誉，将个人得
失放置末位，以主人翁的姿态进行工作。

其次，迎难而上的工匠精神。在不同时期，上海纺织从业者面对
不同的发展环境，均能持续保持动力。全体纺织职工以"振兴纺织、
服务国家"为宗旨，迎难而上，勇于拼搏。

最后，紧跟时代的改革意识。上海纺织从业者具有强烈的改革愿
望和紧跟时代的热忱，与时俱进，及时更新观念。新中国成立至今，
上海纺织产业先是破除了"拿摩温"（工头）制度，又与封建意识和小
生产观念划清界限。随着国家的发展和社会的进步，上海纺织产业紧

跟时代步伐，用新的价值观念，调整自身发展模式，适应改革要求，不断扩大纺织品出口，引领国内外市场。

时至今日，我们仍可从历史记忆中感受到经纬纵横间的纺织精神。而这种精神也将随着上海纺织产业的发展，一代代地延续，成为一种优秀品质，永放光芒。

图书在版编目(CIP)数据

衣被天下:上海纺织/廖大伟,刘盼红著. —上
海:学林出版社,2021
(上海地情普及系列丛书)
ISBN 978 - 7 - 5486 - 1792 - 1

Ⅰ.①衣… Ⅱ.①廖… ②刘… Ⅲ.①纺织工业-工
业史-上海 Ⅳ.①F426.81

中国版本图书馆 CIP 数据核字(2021)第 147226 号

责任编辑 王婷玉
特约审校 王瑞祥
装帧设计 肖晋兴
特约摄影 郑宪章 郭长耀 周文强 赵博翀 方源整
图片提供 廖大伟 刘盼红 高洪兴 上海市档案馆
　　　　　　上海市纺织科学研究院有限公司

上海地情普及系列丛书

衣被天下:上海纺织

上海通志馆 主编

廖大伟　刘盼红 著

出　　版　**学林出版社**
　　　　　（200001　上海市福建中路 193 号）
发　　行　上海人民出版社发行中心
　　　　　（200001　上海市福建中路 193 号）
印　　刷　上海丽佳制版印刷有限公司
开　　本　890×1240　1/32
印　　张　7.625
字　　数　16 万
版　　次　2021 年 8 月第 1 版
印　　次　2021 年 8 月第 1 次印刷
ISBN 978 - 7 - 5486 - 1792 - 1/G・668
定　　价　68.00 元